大学生体质健康标准指导手册（第3版）

主　编　柴业宏　李晓峰

副主编　杨志民　蒋治华

合肥工业大学出版社

图书在版编目(CIP)数据

大学生体质健康标准指导手册/柴业宏,李晓峰主编.—合肥:合肥工业大学出版社,2004.7(2013.8 重印)

ISBN 978-7-81093-105-2

Ⅰ.大… Ⅱ.①柴… ②李… Ⅲ.体育锻炼标准—高等学校—教学参考资料 Ⅳ.G807.4

中国版本图书馆 CIP 数据核字(2004)第 064271 号

大学生体质健康标准指导手册(第 3 版)

主　编　柴业宏　李晓峰　　　　责任编辑　陆向军

出　版	合肥工业大学出版社	**版　次**	2004 年 7 月第 1 版
地　址	合肥市屯溪路 193 号		2013 年 8 月第 3 版
邮　编	230009	**印　次**	2013 年 8 月第 8 次印刷
电　话	综合编辑部:0551-62903028	**开　本**	787 毫米×1092 毫米　1/32
	市场营销部:0551-62903198	**印　张**	6.125　**字　数**　80 千字
网　址	www.hfutpress.com.cn	**印　刷**	合肥现代印务有限公司
E-mail	press@hfutpress.com.cn	**发　行**	全国新华书店

ISBN 978-7-81093-105-2　　　　定价:12.00 元

如果有影响阅读的印装质量问题,请与出版社发行部联系调换。

前　言

（第 3 版）

“健康并不代表一切，但失去了健康，便丧失了一切。”这句话阐明了生活、事业与健康的辩证关系。健康对绝大多数人来说都曾经拥有过，但整个人生中都能拥有健康者则微乎其微。大学生面对当前紧张的学习和生活节奏、拥挤的空间和在激烈的竞争中实现完善自我的奋斗目标，若不注意锻炼身体，就会损害健康，导致疾病。

未来所需要的人才必须具备较高的思想品德素质、较好的科学文化素质、较完善的心理素质和较强健的身体素质，其中身体素质是其他素质发展的基础和载体。居里夫人曾经指出：“科学的基础是健康的身体。”现代大学生应当具有较强的健身意识，牢固树立“健康第一”的观念，把提高自身的身体健康素质作为终身追求的目标，把自觉提高身体健康素质水平作为对个人、家庭、社会乃至整个民族的一种责任。

在全国亿万学生阳光体育运动蓬勃开展的今天，《大学生体质健康标准指导手册》是大学生进行体育锻炼的好帮手，它将帮助大学生全面了解《国家学生体质健康标准》。本书将向你介绍提高身体健康素质必须遵循的原则，锻炼时的自我监控方法，以及如何改变身体成分、发展心肺循环系统功能、增强肌肉的力量和耐力、提高关节和肌肉的柔韧性的方法和手段等。

《国家学生体质健康标准》评分表，在对自己的测量结果进行自我评价时更为方便。手册中专门设计了体质健康状况评价结果记录表，可将大学生大学阶段的每一次测试结果进行记录，最终构成大学生在大学阶段体质健康状况的发展轨迹。

充沛的精力寓于健康的身体，埋头知识海洋里辛勤耕耘的大学生们，养成体育锻炼的习惯吧！运动可以打开你的心灵之扉，使你才思敏捷，智慧倍增。为了更好地适应和改造社会，征服自然，创造文明，愿你能够更多地参加体育锻炼！

编　者

2013 年 8 月

目 录

教育部　国家体育总局
关于实施《国家学生体质健康标准》的通知

各省、自治区、直辖市教育厅（教委）、体育局，新疆生产建设兵团教育局、体育局：

《学生体质健康标准》自 2002 年试行以来，各地认真组织推广试行，取得了很好的经验。教育部、国家体育总局在认真总结试行工作的基础上，根据新的形势对《学生体质健康标准》进行了修改和完善。现将《国家学生体质健康标准》（以下简称《标准》）及《国家学生体质健康标准》实施办法印发给你们，请认真贯彻执行。具体要求通知如下：

一、《标准》自发布之日起在全国各级各类学校全面实施，确有困难不能在 2007 年实施《标准》的学校，须请示上级教育行政部门，经省级教育行政部门核准同意后可以延期至 2008 年实行。各省级教育行政部门须将延期实施《标准》的学校名单报教育部（体育卫生与艺术教育司）备案。

二、各省级教育行政部门要根据实际情况，制定《标准》的具体实施计划，并于2007年9月1日前报教育部备案。

三、自2007年开始，国家体育总局、教育部每两年组织一次对各地实施《标准》情况的检查，并公布检查结果。

附件：1. 国家学生体质健康标准

2. 《国家学生体质健康标准》实施办法

教育部　　国家体育总局

二〇〇七年四月四日

主题词：学生　健康　标准　通知

部内发送：部领导，各司局

教育部办公厅　　　2007年4月11日印发

附件一

国家学生体质健康标准

一、说明

（一）为贯彻落实健康第一的指导思想，切实加强学校体育工作，促进学生积极参加体育锻炼，养成良好的锻炼习惯，提高体质健康水平，特制定本标准。

（二）本标准是《国家体育锻炼标准》的有机组成部分，是《国家体育锻炼标准》在学校的具体实施，是国家对学生体质健康方面的基本要求，适用于全日制小学、初中、普通高中、中等职业学校和普通高等学校的在校学生。

（三）本标准从身体形态、身体机能、身体素质和运动能力等方面综合评定学生的体质健康水平，是促进学生体质健康发展、激励学生积极进行身体锻炼的教育手段，是学生体质健康的个体评价标准。

（四）本标准将测试对象划分为以下组别：小学一、二年级为一组，三、四年级为一组，五、六年级为一组，初、高中每年级各为一组，大学为一组。

小学一、二年级组和三、四年级组测试项目分为三类，身高、体重为必测项目，其他二类测试项目各选测一项。小学五、六年级组，初、高中各组，大学组测试项目均为五类，身高、体重、肺活量为必测项目，其他三类测试项目各选测一项。

选测项目每年由地（市）级教育行政部门、高等学校在测试前两个月确定并公布。选测项目原则上每年不得重复。

（五）学校每学年对学生进行一次本标准的测试，本标准的测试方法按《国家学生体质健康标准解读》（人民教育出版社出版）中的有关要求进行。

（六）本标准各评价指标的得分之和为本标

准的最后得分，满分为 100 分。根据最后得分评定等级：90 分及以上为优秀，75 分—89 分为良好，60 分—74 分为及格，59 分及以下为不及格。学生体质健康标准成绩每学年评定一次，按评定等级记入《国家学生体质健康标准登记卡》（见附表 6）。学生毕业时体质健康标准的成绩和等级，按毕业当年得分和其他学年平均得分各占 50％之和进行评定。因病或残疾免予执行本标准的学生，填写《免予执行〈国家学生体质健康标准〉申请表》（见附表 5）。

（七）本标准由教育部负责解释。

二、《国家学生体质健康标准》评价指标与分值

组别	评价指标（测试项目）	分值	备注
小学一、二年级	身高标准体重	20	必测
	坐位体前屈、投沙包	40	选测一项
	50米跑（25米×2往返跑）、立定跳远、跳绳、踢毽子	40	选测一项
小学三、四年级	身高标准体重	20	必测
	坐位体前屈、掷实心球、仰卧起坐	40	选测一项
	50米跑（25米×2往返跑）、立定跳远、跳绳	40	选测一项
小学五、六年级	身高标准体重	10	必测
	肺活量体重指数	20	必测
	400米跑（50米×8往返跑）、台阶试验	30	选测一项
	坐位体前屈、掷实心球、仰卧起坐、握力体重指数	20	选测一项
	50米跑（25米×2往返跑）、立定跳远、跳绳、篮球运球、足球颠球、排球垫球	20	选测一项

（续表）

组别	评价指标（测试项目）	分值	备注
初中、高中、大学各年级	身高标准体重	10	必测
	肺活量体重指数	20	必测
	1000 米跑（男）、800 米跑（女）、台阶试验	30	选测一项
	坐位体前屈、掷实心球、仰卧起坐（女）、引体向上（男）、握力体重指数	20	选测一项
	50 米跑、立定跳远、跳绳、篮球运球、足球运球、排球垫球	20	选测一项

注：身高标准体重测试项目为身高、体重，肺活量体重指数测试项目为肺活量，握力体重指数测试项目为握力。

附件二

《国家学生体质健康标准》实施办法

一、《国家学生体质健康标准》(以下简称《标准》)的实施工作在教育部、国家体育总局的领导下，由各级教育行政部门管理，体育行政部门指导，学校组织实施。

二、《标准》的组织实施工作在校长领导下，由学校体育教研部门、教务部门、校医院(医务室)、学工部门、辅导员(班主任)协同配合共同组织实施。《标准》的测试应与学生的健康体检有机结合，避免重复测试。学生的《标准》测试成绩按评定等级记入《国家学生体质健康标准登记卡》，小学列入学生成长记录或学生素质报告书，初中以上学校列入学生档案(含电子档案)，作为学生毕业、升学的重要依据。对达到及格以上成绩的学生颁发证章。《标准》的实施工作记入教师的教学工作量。

三、学生《标准》测试成绩达到良好及以上者，方可参加三好学生、奖学金评选；成绩达到优秀者，方可获体育奖学分。《标准》成绩不及格者，在本学年度准予补测一次，补测仍不及格，则学年《标准》成绩为不及格。普通高中、中等职业学校和普通高等学校学生毕业时，《标准》测试的成绩达不到50分者按肄业处理。

四、因病或残疾学生，可向学校提交免予执行《标准》的申请，经医疗单位证明，体育教学部门核准后，可免予执行《标准》，并填写《免予执行〈国家学生体质健康标准〉申请表》，存入学生档案。对确实丧失运动能力、免予执行《标准》的残疾学生，仍可参加三好学生、奖学金、奖学分评选，毕业时《标准》成绩可记为满分，但不评定等级。

五、认真上好体育课、积极参加体育活动、每天锻炼时间达到一小时者，奖励5分，计入学年《标准》总成绩。

六、属下列情况之一者，其《标准》成绩记为不及格，该学年《标准》成绩最高记为59分：

1. 评价指标中400米（50米×8往返跑）、1000米跑（男）、800米跑（女）、台阶试验的得分达不到及格者；

2. 体育课无故缺勤，一学年累计超过应出勤次数1/10者。

七、各地、各学校在实施《标准》时要树立“安全第一”的指导思想，健全各项安全保障制度，落实安全责任制，加强对场地、器材、设备的安全检查。要认真做好学生的体检工作，对生病学生实行缓测或免测。

八、全国各级各类学校每年均直接将本校各年级《标准》测试数据，通过中国学生体质健康网（网址中文域名：中国学生体质健康网，英文域名：www.csh.edu.cn），报送至教育部“国家学生体质健康标准数据管理系统”，上报数据的时间为每年9月1日至12月31日，上报测试数据的工具软件，由学校在中国学生体质健康网上免费下载使用。

九、高职、高专类学校参照有关要求执行。

十、教育部每年公布各省、自治区、直辖市实施《标准》的基本情况；每学年对教育部直属高校本科新生《标准》测试结果，按生源所在地进行统计，并以省、自治区、直辖市为单位进行公布。

十一、各地教育、体育行政部门对本地各级各类学校实施《标准》的情况，要认真检查监督。要将《标准》的实施情况纳入各级政府教育督导内容和评估指标体系，并作为对各级各类学校进行评优、表彰的基本依据。对弄虚作假、徇私舞弊者，给予通报批评，情节严重者，给予行政处分。

十二、为保证《标准》测试数据的科学性、准确性，各地、各学校招标、选用的《标准》测试器材必须是经国家认证认可监督管理委员会批准的相关认证机构认证合格的产品。

十三、本办法由教育部负责解释。

安徽省实施《国家学生体质健康标准》工作方案

由教育部、国家体育总局制订的《国家学生体质健康标准》（以下简称《标准》），已于2007年4月正式发布施行。为进一步推动我省各级各类学校全面实施《标准》，特制定安徽省实施《国家学生体质健康标准》工作方案。

一、提高认识 加强领导

1.《标准》是《国家体育锻炼标准》的组成部分，是《国家体育锻炼标准》在学校的具体实施。《标准》是促进学生身体健康发展、激励学生积极进行身体锻炼的教育手段，是学生体质健康的个体评价标准，也是学生毕业的基本条件之一。各级教育行政部门、各级各类学校要切实加强对实施《标准》工作的领导；

要通过多种渠道和形式，广泛宣传《标准》，组织教育行政管理人员、教师和学生认真学习《标准》，深刻领会其中的精神实质和贯彻执行《标准》的重要意义；要努力营造实施《标准》的良好环境和浓郁的健身氛围，强化学生的健康意识，激发学生锻炼身体的主动性和自觉性，使《标准》的贯彻能落到实处。

2. 各地各校要把实施《标准》工作摆上应有的位置，给予人力、物力、财力和时间上的保证。要建立必要的领导组织、管理机构和工作规程，做到组织落实，人员落实，经费落实。

3. 《标准》的组织实施工作要在校长的领导下，明确学校相关部门在实施《标准》工作中的职责，注意充分调动体育教师、辅导员（班主任）、学生管理人员、校医的工作积极性，使其相互配合，形成工作合力；要通过实施《标准》，激励学生积极参加体育锻炼，提高测试成绩。要通过全校师生员工的共同努力，保证《标准》实施工作全面扎实的开展。

4. 各校要正确处理好实施《标准》与体育教学、课外（校外）体育活动、课余训练和体育竞赛活动的关系，要使《标准》的实施与学校体育工作的各种组织形式紧密结合，相互促进，互为因果。

二、全面规划 分步实施

1. 从《标准》发布之日起在全省各级各类学校全面实施，学校每学年对学生进行一次《标准》的测试。确有困难不能在2007年实施《标准》的学校，需请示上级教育行政部门，经省教育厅核准同意后可以延期至2008年实行。

2. 各地要根据国家、省里的要求，结合本地实际，制定实施《标准》的计划和具体的实施意见；各校要按照上级教育行政部门的工作部署，及时制订实施方案，按期开展工作。

3. 为保证测试数据的可靠性、准确性和数据的科学价值，各地各校在安排《标准》的测试时间上要做到相对集中，相对统一。学校进行《标准》测试的时间建议安排在每学年的第一学期，便于《标准》的测试与学生体检工作相结合，避免重复劳动，真正减轻学校、教师、学生负担。

4. 各市应该逐步使《标准》评价指标的测试项目和本地初中毕业升学体育考试项目保持一致，在测试前两个月确定并公布。激励学生主动上好体育课，自觉参加体育锻炼，切实减轻学生考试负担，推进体育课程改革。

三、建章立制 规范管理

1. 各地各校要根据本地本校的实际情况制定贯彻实施《标准》的各项规章制度，如测试工作制度、测试人员岗位责任制度、测试器材的使用与保养制度、测试安全制度、数据统计分析与反馈制度、测试报告书制度、公告制度、激励处罚制度等，要明确工作职责，做到分工明确，责任到人，切实保证测试工作的准确性。

2. 严格按《标准》登记表建档，规范测

试数据的整理、统计、分析，实事求是地进行等级评价，并及时向学生进行反馈。要加强教科研工作，根据学生身体的实际情况，提出针对性的建议，指导学生科学地进行体育锻炼，促进学生健康成长。

3. 各地各校要高度重视学生测试数据的上报工作，要按照《标准》实施办法的要求，及时采集、汇总有关数据，通过中国学生体质健康网，按时报送至教育部“国家学生体质健康标准数据管理系统”。统计上报的数据要真实、准确，坚决杜绝弄虚作假。

4. 要树立“安全第一”的原则，加强测试前和测试中的医务监督，落实测试工作的安全措施。测试前要指定专人负责测试的安全工作，对测试场地和器材进行认真检查，确保测试过程中无伤害事故发生。要认真做好学生的体检工作，按规定对生病学生实行缓测或免测。

四、加大投入 提供保障

1. 各级教育行政部门要安排必要的专项经费，采取适当措施，鼓励支持学校采用先进的测试器材。各级各类学校要结合本校实际情况，加大经费投入，逐步配齐测试器材，努力做到减轻测试人员的工作负担，提高测试工作的效率和质量，逐步实现测试数据采集简单化、运动处方科学化、数据统计智能化、数据传输网络化。

2. 各地要对农村或经济欠发达地区的中小学给予关注和重点扶持。可以在乡镇中心学校建立“学生体质健康测试中心”并发挥“测试中心”的作用，保证《标准》在广大农村学校的全面实施。

五、加强培训 提高质量

1. 各地各校要有计划、分层次地做好学校主管领导和一线测试人员的培训工作，要开展多种形式的学习和培训，提高认识，统一思想，明确目标，为实施《标准》创造有利的环境和条件。

2. 要不断加强测试人员的业务学习和骨干教师的培训，明确测试步骤和操作细则，提高工作质量。

3. 要加强对全体育教师的再培训。使所有体育教师做到在学生测试前能对其进行科学辅导，在学生测试后能根据其测试成绩，指导其有针对性地进行体育锻炼，提高健康水平。

4. 要重视学生体育骨干的培训，充分发挥学生体育骨干的带头、示范作用。

六、督查奖惩 促进发展

1. 要建立起实施《标准》的督查检查考核机制，建立起四级检查体系，一级为学校自查；二级为县（区）抽查；三级为各市抽查；四级为省级抽查，自 2007 年开始，省教育厅、体育局每两年组织一次对各地各校实施《标准》情况的检查。通过督查检查，推动工作的广泛深入开展，把好实施《标准》的质量关。

2. 要建立必要的奖励处罚制度。要定期检查总结，定期进行评比表彰。通过表扬先进，充分调动广大师生和学校的积极性，促进工作的全面开展。对弄虚作假者，要通报批评，情节严重者，给予相应的行政处分。

第一章 实施《国家学生体质健康标准》的意义

（一）贯彻落实《体育法》

《国家体育锻炼标准》是经国务院批准实施的我国重要的体育制度，《体育法》明确规定：学校必须实施国家体育锻炼标准，对学生在校期间每天用于体育活动的时间给予保证。《标准》是《国家学生体质健康标准》在学校的具体实施，目的在于鼓励广大儿童和青少年自觉积极地锻炼身体，促使身体的正常发育和全面发展，增强体质，为全面建设社会主义现代化国家，为培养德、智、体、美全面发展的建设人才服务。《标准》的实施不仅会促进学生积极锻炼，纠正和改变目前学生体质健康状况出现的突出问题，使学生拥有健康的体魄和健全人格，而且还是依法办学、依法执教的重要内容。

（二）贯彻落实“健康第一”的指导思想和全国学校体育工作会议的精神

学校教育，特别是学校体育直接肩负着“增强全体学生体质”和“促进全体学生健康”的使命。2006 年 12 月 23 日，全国学校体育工作会议在北京隆重召开。国务委员陈至立同志在大会讲话中指出：“这次会议十分重要，是我们在新世纪新阶段全面加强学校体育工作，提高青少年健康素质的重大举措。”“青少年的健康是国家的财富，更是每一个人健康成长和实现幸福生活的根基。有了健康的体魄，就能为祖国和人民作出更大贡献，拥有更加幸福的生活。”“忽视青少年的身心健康，忽视学校体育工作，就谈不上全面贯彻党的教育方针，谈不上全面实施素质教育。”“培养具有强健的体魄、健康的心理、坚强的意志和昂扬的精神的青少年一代，是素质教育的应有之义，切实加强学校体育工作是实施素质教育的重要切入口。”教育部部长周济同志在讲话中也指出：在素质教育当中，体育占有非常重要的位置，要把体育作为全面推进素质教育的重要突破口和切入点，作为工作的主要方面。该次大会同时启动了“全国亿万学生阳光体育运动”，提出：开展阳光体育运动，要以“达标争优，强健体魄”为目标。用三年时间，使85%以上的学校能全面实施《国家学生体质健康标准》。使85%以上的学生能做到每天锻炼一小时，达到《国家学生体质健康标准》及格等级以上，掌握至少两项日常锻炼的体育技能，形成良好的体育锻炼习惯，体质健康水平切实得到提高。开展阳光体育运动，要以全面实施《国家学生体质健康标准》为基础。建立和完善《国家学生体质健康标准》测试结果记录体系，测试成绩要记入小学生成长记录或学生素质报告书，初中以上学生要记入学生档案，并作为毕业、升学的重要依据。

为了更好地贯彻落实上述讲话要求和文件精神，教育部、国家体育总局根据《学生体质健康标准》试行五年来的实际情况和调研中所发现的问题，对《学生体质健康标准》进行了修订和完善，并定名为《国家学生体质健康标准》，于 2007 年正式颁布实施。《国家学生体质健康标准》正式颁布实施，对于加强素质教育、提高我国青少年体质健康水平必将发挥积极重要的作用，产生深远的影响。

《标准》作为促进学生体质健康发展、激励学生积极进行身体锻炼的教育手段，是学生体质健康的个体评价标准，也是学生毕业的基本条件之一。因此，它的实施必然会促进学生积极锻炼，不断纠正和改变目前学生体质健康状况出现的突出问题，从而使学生拥有健康的体魄和健全人格，将“健康第一”的指导思想落到实处，充分发挥学校体育在素质教育中的作用。

新颁布的《标准》明确了测试数据上报工作的要求，由各学校将本校各年级的测试数据直接上传到教育部“国家学生体质健康标准数据管理系统”，上报时间为每年 9 月 1 日至 12 月 31 日。该系统可根据上报的数据提供多种报表，供教育部发布公告时使用，从而确保国家能够比较迅速、准确地把握学生体质健康的发展情况和变化趋势，促进《标准》的全面实施。

（三）满足社会发展对人体健康的需要

现代文明在带给人们充分物质享受的同时，也给人类的健康带来了新的威胁。由于精神紧张、营养过剩、运动不足、环境污染等因素所引发的非传染性疾病在全球不断蔓延，处于“亚健康状态”的人群不断地扩大，人们对于健康的要求越来越高。随着科学研究的不断深入，人类对于健康的认识发生了深刻的变化。在世界卫生组织推动下，健康的新概念在全球得到了传播并日益为人们所接受，普遍认识到健康不再仅仅是没有疾病或不虚弱，而是生理的、心理的健康和社会适应的整体完美状态，这就是生理——心理——社会三维健康观，体育对于促进健康有着不可替代的作用；同时人们对如何通过体育锻炼提高体质健康水平在理念和认识上也有了进一步的提高，在手段和方法上也有所改进和创新，在测量和评价方面也发生了一些新的变化。

根据时代发展的要求，在确定《标准》的测试内容、测试方法和评价标准等方面，进行了充分研究和论证，充分考虑了各个方面的影响因素。

《标准》的实施将促进学生体质健康的测量与评价工作更加科学化、简捷化和实用化；将更加符合我国的国情和社会的发展，并具有更强的可操作性。《标准》中选择的测试内容，突出了对发展和改善学生健康有直接影响且关系密切的身体成分、心肺循环系统的功能、肌肉的力量和耐力以及柔韧性，体现了现代社会对健康的具体要求，从而满足社会发展对于体质健康评价的要求。

（四）发展并完善学生体质健康评价体系

《标准》是在认真总结了《国家体育锻炼标准》、《大学生体育合格标准》、《学生体质健康标准（试行方案）》、《学生体质健康标准（试行方案）实施办法》执行过程中所取得的成绩和存在的问题基础上，根据学生体质调研所反映出来的体能素质和心肺功能下降、近视眼患病率增高等现状，参考国际上有关研究的成功经验和先进做法，建立了以健康素质为主要指标的评价体系。

《标准》的颁布将实现一标多用。首先，取代《国家体育锻炼标准》学生部分，《标准》是《国家体育锻炼标准》的组成部分，是《国家体育锻炼标准》在学校的具体实施，在实施《标准》的同时，原《国家体育锻炼标准》的内容不再执行，《标准》测试结果即为《国家体育锻炼标准》；测试结果，按原《国家体育锻炼标准》实施办法上报数据；其次，取代大中小学学生体育合格标准，凡已实施《标准》的学校，《大学生体育合格标准》停止执行；第三，可以作为体育课成绩评定中体能部分的参考评价依据。

《标准》是激励学生积极进行身体锻炼的教育手段，不是为测试而测试，特别是《标准》采用个体评价标准，能够清晰地看出学生个体差异与自身某些方面的不足，这十分有利于通过测试促进学生积极参加体育锻炼，通过锻炼改善健康状况，促进健康发展。与以往的学生体质评价标准相比，这一评价体系将更加有助于促进青少年学生积极参与体育锻炼，成为具有正确的体育意识和健康的生活方式的高素质的人才，使学校体育在促进国民健康方面起到应有的作用。

学生体质健康评价是学校体育工作中的重要环节，也是学校教育评价体系中的重要组成部分。正确、合理地对学生进行体质健康评价，对于促进学校体育和教育工作有着重要的意义。《标准》从建立和完善我国学校教育评价体系的目标出发，体现了学校体育的价值，回答了学校体育为什么要以“健康”为本和怎样以“健康”为本的问题，明确了“健康”不仅应是学校教育和学校体育追求的目标，而且还是学校体育课存在的根本理由。

《标准》的实施将对我国深化学校体育改革，完善体质健康评价体系，促进全体学生综合素质的提高，具有深远的影响。

一、《国家学生体质健康标准》测试原则及相互间关系

《标准》的贯彻实施强调的是促进学生身体的正常生长和发育，促进形态机能的全面协调发展，促进身体健康素质的全面提高和激励学生主动自觉地参加经常性的体育锻炼。

促进学生对健康概念的重新认识，建立符合现代社会发展趋势的体质健康的新理念，认识到身体成分、身份形态、机能、基础素质、运动素质是影响人体健康水平的主要因素；更好地帮助和督促学生实现健康目标。

科学、综合地了解自身的体质健康状况，激发学生自觉参加体育锻炼，培养终生追求健康生活方式的行为和习惯；促进学生树立“健康第一”的指导思想，激励学生主动上好体育课，积极参与体育锻炼，全面实现体育与健康课程目标。

（一）在发展的基础上积极创新

《标准》是在继承了以往经验的基础上，

借鉴国外的先进经验，针对全国学生体质调研出现的问题，充分考虑我国学生生理、心理的发展规律，紧密结合我国学校体育的实际而制定的。在确定反映心肺功能的指标时，除了采用国际上通用的台阶试验以外，还保留了用耐力跑来间接评价心血管功能，在初中以上年级设置1 000米跑（男）、800米跑（女）用以评价学生的心肺功能和耐力水平。由于耐力跑测试较为简便，对于器材的要求不高，同时也能在一定程度上反映心肺功能和耐力水平。

《标准》在充分考虑测试内容科学性的基础上，考虑了测试内容的代表性、公平性、合理性和可操作性，达到操作简便易行，结果可靠有效的目的。如在《标准》所选择的测试内容中，身高体重指数间接地反映了人的身体成分；台阶试验反映了人体心血管系统的机能水平；握力体重指标反映了肌肉的力量；坐位体前屈反映了人体肌肉和关节的柔韧性等。

此外，还考虑了通过设立选测项，引导学生全面地锻炼身体；减轻学生、教师和学校测试工作的负担；强调全面锻炼身体的过程，实现教测分离，克服考什么教什么、测什么练什么的弊端，保证体育课程教学活动的正常进行。这些基本思想在评价指标、评分量表的制定和评价等级的划分中都得到了较好的体现。

（二）充分发挥评价的激励功能

评价实质上就是一种判定目标达到程度的过程。当前我国学校教育正在贯彻落实“健康第一”的指导思想，学校体育课程教学正在从“技能教学”向全面增进学生身心健康素质的方向转化，《标准》作为一项评价制度，就是要与体育课程目标保持一致，使评价在转变传统的体育教学思想、优化教学内容和教学手段上起到积极的导向作用。《标准》的评价是激励学生积极参与体育锻炼的教育手段，这不是以选拔和鉴别学生体质健康的好坏为目的，而是通过评价，反馈给学生、教师和家长，使学生知道自身还存在哪些不足，应该怎样努力达到目标。如在评价指标的设定上充分考虑了不同个体之间的差异，如肺活量、握力等都采用指数法进行，排除不同个体因体重差异造成的影响和潜在的消极因素。因此，评价既可以帮助学生形成正确的体育意识和态度，加深体育锻炼对促进身心健康的认识，也可以提高对体育的情意、态度和价值观，有利于学生终身体育锻炼。

（三）《国家学生体质健康标准》与其他相关标准的关系

1. 与《国家体育锻炼标准》的关系

《标准》是《国家体育锻炼标准》的一个重要组成部分，是《国家体育锻炼标准》在学校中的具体应用，即替代在学校现行的《国家体育锻炼标准》的测试，《标准》的测试数据就是《国家体育锻炼标准》的达标数据。

2. 与大中小学生《体育合格标准》的关系

《国家学生体质健康标准》与大中小学生《体育合格标准》完全是替代关系，《国家学生体质健康标准》颁布实施后，将完全取代原来的大中小学生《体育合格标准》,《体育合格标准》同时废止。

3. 与体育与健康课程标准的关系

课程标准是国家、地方和学校管理和评价课程的基础。体育与健康课程标准规定了体育课程的性质、目标、内容框架，提出了体育教学和评价的建议，是编写体育教材、进行体育教学和评估教学质量的依据。《标准》的测试项目、评价方法和评分标准，是一种导向作用，重在解决和遏制考什么练什么的倾向，这两者是相互促进的关系。课程标准执行的好，学生的体育知识、技能的水平就高；而通过《标准》的实施，将促进学生积极参与体育锻炼，上好体育课，提高学生的体质健康水平。

二、测试项目和评价指标

《标准》中反映身体素质和运动能力的评价指标和测试项目继承了《国家体育锻炼标准》测试项目的基本精神，并对评价指标和测试项目进行了精选。现在的《标准》仍以运动项目为主，其目的在于通过测试和评价促进学生积极参与体育活动，提高体质健康水平。另外，为适应当前时代发展的要求，根据目前学生体质健康的实际状况增加了形态、机能的项目和指标。

1. 身高标准体重

根据 2000 年全国学生体质健康调研结果，预计在今后相当长的一段时期内，我国学生的体重还有进一步增加的趋势，肥胖学生的比例也将进一步增大，肥胖将会成为影响学生体质健康的主要因素之一，对学生进行这方面的教育已经刻不容缓。针对这一状况，《标准》规定从小学到大学都要进行身高、体重的测试，采用身高标准体重评价学生身体的匀称度，间接反映学生的身体成分、肥胖状况，引导学生关注自己的身体形态和体形的匀称度。

过去对身高和体重采用单一指标分别评价的方法，这种评价难以反映学生生长发育的匀称度及相互关系。也有用指数法进行评价的，如体重（公斤）/身高（米），但这种方法在评价处于生长发育中的儿童青少年时，不够准确。身高标准体重是将身高和体重综合起来，以每厘米身高的体重分布，确定学生的体形匀称度，可反映学生是营养不良、正常体重，还是超重和肥胖。它以大规模调查的统计数据为依据，采用了以学生的每厘米身高为单位，利用标准差，增减间距为1厘米，以Z（读rui）离差法方式，制定了对身高、体重进行综合评价的评分表。

评价该指标时，身高的单位为厘米，测试时保留1位小数；体重的单位为公斤，测试时保留1位小数，然后用测试值直接查表评分。这种方法的好处是直接查表就可以判断学生体形的匀称度，而且可以知道学生体重是否超重，超了多少公斤；是否体重过轻或营养不良，轻了多少公斤。该指标对于学生形成正确的身体形态观具有非常直观的教育作用。

2. 台阶试验

台阶试验是一项定量负荷机能试验，主要用以测定心血管系统的功能，也可以间接推测机体的耐力。由于台阶的高度和频度是固定的，因此相对于每个受试者来说，台阶试验是在固定时间（180 秒）内完成固定的负荷，根据恢复期心跳频率的恢复快慢计算指数来反映心脏对运动负荷的承受能力，在运动负荷相对等同的情况下来比较心功能的优劣。在完成同样运动负荷时，动用心输出量越多，心跳频率（脉搏频率）越快，指数越低，心功能水平也越低，反之越高。

经常进行长跑、足球、篮球、游泳、滑冰等项目的锻炼能够明显地使心血管系统的机能得到改善，提高体质健康水平。具体表现为运动性心脏增大，每搏输出量增多，心搏徐缓和血压降低。在完成定量负荷时，心血管机能具有以下特点：运动开始后动员快，能够迅速动员心血管系统进行活动，以满足运动的需要；运动后恢复期短，能够很快恢复到安静状态的水平。也就是说经常参加体育锻炼，尤其是耐力项目的锻炼能改善心肺功能，加快运动后心率的恢复，提高台阶试验的水平。

3. 1 000 米跑（男）、800 米跑（女）

作为与台阶试验相对应的可选指标，在初中以上年级设置 1 000 米跑（男）、800 米跑（女）用以评价学生的心肺功能和耐力水平。既测试有氧耐力，也测试无氧耐力的水平。由于耐力是衡量人的体质健康状况和劳动工作能力的基本因素之一，是从事各项运动必不可少的一种运动素质，因此测试耐力水平对于评价学生体质健康状况有着非常重要的意义。

通过调研发现 21.8%的学生不愿意参加长跑锻炼。在不愿意参加长跑锻炼的原因方面，76.7%的学生认为太累，30.4%的学生认为枯燥。目前，有些人把学生不愿意跑长跑归罪于体育考试或“达标”的 1 000 米跑、1 500 米跑（男生）、800 米跑（女生）的测验。认为这种测验运动强度大，持续时间较长，人体要在接近生理极限状态下运动，这种大运动量刺激，使学生感到非常难受，给许多学生带来很大的心理压力。有人认为耐力测验前的心理压力，测验中的痛苦，测验后的反感，严重影响了学生练习的积极性，伤害了学生的身心，甚至出现因长跑死亡的事件，建议《标准》中不设置长跑项目。而2000年全国学生体质与健康调研结果表明：与1995年相比，我国学生的速度素质、耐力素质、柔韧性素质、爆发力素质、力量素质等均出现全面下降，除反映速度素质的50米跑成绩下降幅度较小外，其余素质均呈明显下降的趋势。特别值得关注的是耐力素质、柔韧性素质是在1995年比1985年下降的基础上，又继续进一步大幅度下降；而速度素质、爆发力素质和力量素质则是在1995年比1985年提高的基础上，重新开始下降。有的专家指出：要想阻止住学生的运动素质下降的趋势，首先要阻止住耐力素质的进一步下降。同时，过去多发生在老年期的心、脑血管疾病，现在正在向低年龄的青壮年蔓延，有的青少年已患上心、脑血管疾病。造成这种趋势的原因是多方面的，一方面人们饮食中的脂肪摄入量过多，血液中脂类物质大大增加，这些物质逐渐沉淀到血管壁上，诱发心、脑血管疾病；另一方面，运动不足可能也是重要的原因之一。低强度、长时间的运动，如长跑，能充分地动员体内脂肪分解供能，有效提高机体分解和利用脂类物质能力，促进身体健康。而且长跑测验既可以反映肌肉耐力，又可以反映呼吸系统和心血管系统的机能水平，测试方法简单易行，有其他测验项目不可替代的作用。更为重要的是，《标准》的要求较低，不要求学生高强度、长时间地进行长跑，而是作为一种手段，用以引导学生更多地关注自己的耐力和心肺功能，使学生明白怎样用适宜的运动负荷控制跑的速度和持续时间，怎样用多种方法发展自己的耐力，从而更加主动积极地参加长跑等体育锻炼，发展体能，增强耐力，提高体质健康水平。我们相信，通过《标准》的引导，教师正确地指导，科学地安排教学方法，学生不愿意跑长跑的现状是可以改变的，耐力水平持续下降的趋势是可以得到扭转的。

4. 肺活量、肺活量体重指数

肺活量是指在不限时间的情况下，一次最

大吸气后再尽最大力量所呼出的气体量，是反映人体生长发育水平的重要机能指标之一。肺活量因性别和年龄而异，男性明显高于女性。在 20 岁前，肺活量随着年龄增长而逐渐增大，20 岁后增加量就不明显了。体育锻炼可以明显地提高肺活量，如中长跑运动员和游泳运动员的肺活量可达 6 000 毫升以上。为了鼓励学生积极地参加长跑等耐力锻炼，改善心血管和呼吸系统的功能，《标准》将肺活量的测试列为必测项目。

肺活量的大小与身高、体重、胸围的关系密切，故在评价时应充分考虑这些因素对肺活量大小产生的影响，因此，在对学生进行评分时采用了肺活量体重指数来进行评价。

肺活量体重指数＝肺活量÷体重

《标准》规定计算肺活量体重指数时，肺活量的单位为毫升，测试时保留整数；体重的单位为公斤，测试时保留 1 位小数，计算出指数后，舍去小数，用整数查表评分。例如肺活量指数为 58.6，按 58 查表评分。

5. 50 米跑

50 米跑是国际上通用的测试项目，通过较短距离的高强度跑测试速度素质。速度素质的测试可以反映人体中枢神经系统的机能状态和神经与肌肉的调节机能，也可以综合地反映人体的爆发力、灵敏、反应、柔韧等素质。速度素质有明显的性别和年龄差异。男性在 20 岁前、女性在 18 岁前一般是随着年龄增长而提高。体重过大或肥胖都会影响速度。

《标准》中 50 米跑的测试和评价以秒为单位，保留 1 位小数，小数点后第二位数非“0”时则进 1，例如 9.01 秒，按 9.1 秒查表评分。

6. 立定跳远

立定跳远是测试爆发力的项目，爆发力要求在最短时间内发挥最大的力量。爆发力的大小不仅取决于力量，而且取决于力量和速度的结合。它在人们日常生活、劳动中有重要的意义和作用。立定跳远的测试多年来一直被广泛使用，《标准》保留了这一测试项目。在《标

准》中立定跳远和 50 米跑的权重比其他评价指标大，一方面体现了它们对于体质健康的重要性，另一方面是由于体育锻炼对于提高这两个指标得分的效果明显，有利于促进学生体育锻炼。

《标准》中立定跳远的测试和评价以厘米为单位，保留整数，小数点后四舍五入。例如 158.5 厘米，按 159 厘米查表评分。

7. 坐位体前屈

坐位体前屈是用于反映人体柔韧性的测试项目。柔韧性是指人体完成动作时，关节、肌肉、肌腱和韧带的伸展能力。柔韧素质的好坏，取决于关节的解剖结构和关节周围软组织的体积大小及韧带、肌腱、肌肉及皮肤的伸展性。柔韧素质与健康的关系极为密切，柔韧性的提高，对增强身体的协调能力，更好地发挥力量、速度等素质，提高技能和技术，防止运动创伤等都有积极的作用。通过体育锻炼能提高关节的灵活性，改善关节周围软组织的功能以及肌肉、韧带、肌腱的伸展性，而当人们缺乏体育锻炼，体质下降时，很多都是从柔韧素质的下降开始的。

过去在对学生进行体质健康调查时一般采用立位体前屈的方法测试柔韧性。进行立位体前屈测试时，受试者站在离地至少 40 厘米的测试台上，恐惧感和潜意识的自我保护等多种因素限制了受试者能力的发挥。当人体姿势处于膝关节伸直为 180°、身体躯干向前屈 180°站立时，小腿、大腿以及躯干部后群肌肉须保持一定张力，以维持身体重心处在两脚的支撑面内，因而限制手臂和躯干前伸的幅度。近年来发达国家普遍采用坐位体前屈来评价柔韧性；我国国民体质监测系统在对幼儿、成年人及老年人等年龄段柔韧性监测也已经采用了坐位体前屈测试。因此无论从安全性、准确性、真实性，还是从与国民体质监测接轨以及利于进行国内外对比等方面来讲，坐位体前屈均优于立位体前屈。所以，这次设置《标准》的测试项目评价指标时选用坐位体前屈来反映柔韧素质。

《标准》中坐位体前屈的测试和评价以厘米为单位，保留1位小数，当手指伸过。点时记录为“＋”值，即手指伸过脚尖；到不了0点时记录为“－”值，即伸不到脚尖。然后根据测试值查表评分。

8. 握力、握力体重指数

《标准》中，大学设置了握力测试，这是一个新设置的测试项目，用于反映被测者的力量素质。过去我们测试上肢力量一般采用引体向上，可是近年来，有的学生无论怎么练习，连一个引体向上都拉不上去。从某种程度上说，引体向上这一指标区分度较差，测试引体向上对于促进学生积极锻炼已经失去意义。但是力量素质又十分重要，而且有研究表明一个人的握力与其全身力量成高度相关，所以《标准》中将握力列入了测试项目。此外，还有研究表明握力能够间接反映一个人的健康状况，握力增长或维持在较高水平时，健康状况就好，握力下降时健康状况就不好。握力与体重的大小有关，一个身材魁梧的学生与瘦小的学生相比，握力有着很大的差异，为了公平起见，采用了握力体重指数进行评分。

握力体重指数＝握力÷体重×100

《标准》规定计算握力体重指数时，握力的单位为公斤，测试时保留1位小数，体重的单位为公斤，测试时保留1位小数。计算出指数后，舍去小数，用整数查表评分，例如计算得指数为58.6，按58查表评分。

9. 仰卧起坐（女）

仰卧起坐是测腹肌力量和耐力的一个项目。测试方法简单易行，多年来在学校体育锻炼和测验中一直受到重视。尤其是女生的腰腹肌力量对她们将来在生育等方面有着十分重要的作用。通过仰卧起坐的测试，促使她们在青少年时期积极地发展腰腹肌力量。因此，《标准》设置了仰卧起坐为女生的可选测试项目。

《标准》中规定仰卧起坐的测试和评价以次为单位，测试值直接查表评分。

10. 掷实心球

（1）原地掷实心球的技术

实心球的持握方法（以右手为例）：五指自然分开，实心球放在食指、中指和无名指的指根上，球体大部分重量在食指和中指之间，拇指和小指放在球的两侧，手腕背屈。

握好球后，把实心球放在肩上锁骨窝处，贴着颈部，右臂屈肘，掌心向前，持球臂的大臂与身体夹角约为45°左右。

持球后，背对投掷方向，站在圈内靠近前沿处，两脚前后站立，相距50～60厘米左右，左脚尖与右脚跟几乎在一条直线上，左腿膝关节自然伸直，并用前脚内侧着地，右腿弯曲，躯干和肩带向右转，上体前倾，体重在右脚上，左臂和左肩前伸并稍向内扣。最后用力推实心球时，右腿积极蹬伸，推动右髋向投掷方向转动。上体在转动中逐渐抬起，同时躯干的肌肉群积极收缩，用以加快实心球运行的速度。为了帮助上体的转动和抬起，左臂向胸前左上方摆动，使原来背对投掷方向转至左侧对投掷方向。左臂和左臂肩高于右肩，实心球尽可能保持较低位置，体重大部分在弯曲而压紧的右腿上，形成推前姿势。由于右腿不停地蹬伸，加速右髋向投掷方向转动和上体逐渐前移至投掷方向，体重逐渐移至左腿，这时左膝微屈。当左臂向体侧摆动时，胸和头部才转对投掷方向，右腿蹬伸，进一步将右髋向投掷方向送出。随着右肩向前，左臂已摆至体侧并制动，保证右臂做出正确的推球动作和推出的方向。当这一动作快结束时，两腿充分蹬伸，抬头顶肩，顺着蹬伸顶肩发力的惯性，右臂迅速而有力地将球推出。实心球快出手时，手腕稍向内转同时屈腕，快速而有力地拨球。实心球离手后，两腿弯曲或交换，防止出圈犯规。

（2）练习方法

①原地转髋模仿性练习：原地站立，两腿与肩同宽，体重在弯曲的右腿上，右手推右髋做蹬地送髋动作。

要求：提脚跟蹬地的同时送髋。

②转髋推物练习：原地做蹬地送髋的同

时，用右手推障碍物（树干或肋木）。

③原地做转髋、挺胸、抬头、顶肩、推球动作。

要求：做此练习时要放松上下肢，协调配合，蹬转、挺、抬、顶、推依次用力。

④原地推实心球练习。

⑤正面推球练习：正对投掷方向，两脚左右开立约与肩同宽，两腿弯曲，右手将球持于肩上，左臂自然上举，利用两腿蹬地的力量，将实心球向前上方推出。

要求：开始练习时，主要利用下肢蹬地力量，然后逐渐加大躯干和手臂力量。

⑥在正面推球练习的基础上，上体向右扭转，右臂和右肩稍向内，躯干右侧肌肉群扭紧拉长，然后将球向前上推出。

要求：先是肩轴超越髋轴，然后髋轴超越肩轴，大肌肉群带动小肌肉群依次用力。

⑦侧向原地推实心球：左侧对投掷方向，两脚左右开立比肩稍宽。右腿弯曲，上体向右侧屈，体重大部分在右腿上。右腿积极蹬伸推

动右髋向投掷方向转动，上体逐渐抬起，左腿主动支撑，两腿充分蹬伸，抬头、右臂迅速有力地将球向前上方推出。

要求：完成蹬转和球出手时速度要快，另外要注意头和非投掷臂的位置。

⑧推球越障碍：在距投掷区 5～8 米的地方，设置一条平行于投掷圈延长线，高 2.5 米左右的橡皮筋。练习者按照侧向原地推实心球的练习方法将球推过橡皮筋。

要求：推球时向上展体，出球点要高。

⑨完整技术练习

要求：蹬转要快，出手速度要快，手腕要快而有力地拨球。

11. 引体向上（男）

引体向上是反映男生肩臂最大力量和力量耐力的典型指标。多年来一直是我国学生体质与健康调研、体育考试的重要项目。在本次《标准》修订中，将该项目纳入学生体质健康标准的指标体系，旨在增加学生参加锻炼和测评的选择性，促进学生积极参与锻炼。

起始姿势：两手用宽握距正握（掌心向前）单杠，两脚离地，两臂身体自然下垂伸直。

动作过程：用背阔肌的收缩力量将身体往上拉起，直到单杠触及或接近胸部。静止一秒钟，使背阔肌彻底收缩。然后逐渐放松背阔肌，让身体徐徐下降，直到回复完全下垂，重复再做。

呼吸方法：将身体往上拉时吸气，下垂时呼气。

注意要点：上拉时意念集中在背阔肌，把身体尽可能地拉高，上拉时不要让身体摆动。下垂时脚不能触及地面。可在腰上钩挂杠铃片来加重。

12. 跳绳

跳绳是一项以四肢肌肉运动为主的全身性、多功能的健身运动。

跳绳的健身作用有：

（1）跳绳是发展弹跳力、耐力、协调性和反应能力的有效手段，对促进其他运动技术掌握和运动能力的提高也能起辅助作用。

（2）对肩、腕、腰、腹、臀、大腿、小腿等部位肌肉、关节、韧带有良好锻炼作用，同时还有助心肺功能，减少体内多余脂肪。

跳绳的健身方法如下：

（1）姿势：下肢跳动，双手腕旋转。

（2）形式：分单足跳、双足跳或双足交替跳等。

跳绳动作要求：

跳绳时，应自然站立，双臂垂于体侧；起跳时双臂自然摆动，腾空时下肢放松；脚掌着地时，微曲下肢髋、膝、踝关节。跳跃的高度可由低到高，节奏可由慢到快。

13. 篮球运球

持球人员在原地或行进间用手连续按拍借助地面反弹起来的球的动作叫做运球。运球是控制球、支配球、组织战术配合及突破防守的重要手段，是一项重要的进攻技术，也是熟悉球性，增强手对球的感应能力的一种有效的练习方法。

运球的主要方法有：

（1）高运球

高运球一般是在无防守队员的情况下，用来加快向前推进的速度。做高运球时，两腿微屈，抬头目视前方，用手指按拍球的后上方，使球的反弹高度在腰际之间，落地的落点在身体的侧前方，手脚协调配合，使球有节奏地向前运行。

（2）低运球

低运球一般是在有防守阻扰的情况下，用来作保护球或连接其他技术来摆脱防守。运球队员两腿深屈，身体半蹲，抬头目视前方，运球在膝关节以下，手按拍球的上部，另一手臂架起保护球。

（3）急停急起运球

急停急起运球是当运球队员被对方紧逼时运用速度的快慢变化来摆脱防守的一种技术。降低速度时，运球要低，双膝深屈，注意保护球。急起时，运球手的异侧脚前脚掌内侧用力蹬地，手按拍球的后上方，加快运球的速度以超越对手。

还有体前变换手运球和运球转身。

具体的练习方法有：

（1）全场直线、曲线高运球练习；

（2）原地做左右前后低运球练习；

（3）绕障碍物做体前变向换手运球练习；

（4）全场一对一做体前变换换手和转身运球突破练习。

14. 足球运球

运球指运动员在跑动中用脚连续推拨球，使球始终处于自己控制范围内的触球动作。运球的作用在于调动防守队员的位置，以便寻找更好的机会传球或射门，同时又能变换进攻的节奏和速度。

具体练习方法有：

（1）脚背正面运球

跑动时，身体自然放松，上体稍前倾，两臂自然摆动，步幅不要过大。运球脚提起时，膝关节弯曲，脚跟提起，脚尖下指，在脚着地前，用脚背正面推拨球前进。

（2）脚背外侧运球

跑动时，身体自然放松，上体稍前倾，两臂自然摆动，步幅要小些。运球脚提起时，膝关节弯曲，脚跟提起，脚尖稍内转，在迈步前伸着地前，用脚背外侧推拨球。

（3）脚背内侧运球

跑动时，身体自然放松，步幅要小些，上体前倾并稍向运球方向转动。运球脚提起时，膝关节稍弯曲，脚跟提起，脚尖稍外转，在迈步前伸着地前，用脚背内侧推拨球。

（4）脚内侧运球

运球时，支持脚向前跨出一步，踏在球的前侧方。膝关节稍弯曲，上体前倾并向竖转。随着身体的向前移动，运球脚提起，用脚内侧推球的中后部。

练习方法：

（1）走或慢跑中用单脚或两脚交替运球。

（2）直线运球：分成两组，各成一路纵队，相距 20 米站立（对面），一人运球前进，运到对面运球线时，把球传给对面第一人，依次进行。

(3) 站成一路纵队，第一人向前运球，饶过标志物后再往回运，并将球传给第二人；第二人接球，再向前运球。依此练习。

15. 排球垫球

垫球是排球的基本技术之一，是接发球和后排防守的主要技术动作。垫球动作包括：正面双手垫球，体侧垫球，背垫，正面低姿垫球，跨步垫球、滚动垫球，鱼越垫球以及挡球等。

(1) 动作要领

①击球动作：在一般准备姿势基础上，身体正对来球，手臂迅速插入球下，两臂相夹，含胸收肩、压腕抬臂将球准确地垫在小臂上。

②击球手形：两手抱拳互握，两拇指平行朝前，两臂自然伸直，小臂稍外展靠拢，手腕下压，手腕关节以上的前臂形成一个垫击平面。

③击球点和触球部位：击球点一般保持在腰腹前的一臂距离，用前臂腕关节以上 10 厘

米左右桡骨内侧触球为宜。

④击球用力：一般来说，垫球的用力大小与来球的力量成反比，与垫出球的距离成正比。

（2）练习方法

①两人一组，一人持球于腹前，另一人用垫球动作击球；

②两人一组，一抛一垫；

③个人自垫；

④两人一组对垫；

⑤三人一组，三角形连续垫球；

⑥两人一组，一发一垫（距离可由近至远）

⑦隔网一发一垫。

第二章 《国家学生体质健康标准》测试的操作方法

在实施《标准》的过程中，掌握各项目正确的测试方法是所有体育教师和学生所迫切需要了解的内容。测试工作必然和所使用的测试仪器有一定的关系，现在测试器材多种多样，有全手工操作的，也有电子仪器。手工操作与电子仪器的操作流程不全相同。如使用 IC 卡的测试仪器就可以减少测试人员的记录和计算操作。但无论使用何种仪器，对测试人员的基本的操作要求是一致的。本章将对《标准》中各个项目基本的测试方法及其操作要求进行介绍。

一、身高

1. 测试目的

测试学生身高，与体重测试相配合，评定学生的匀称度，评价学生生长发育及营养状况

的水平。

2. 场地器材

身高测量计。使用前应校对“0”点，以钢尺测量基准板平面至立柱前面红色刻线的高度是否为10.0厘米，误差不得大于0.1厘米。同时应检查立柱是否垂直，连接处是否紧密，有无晃动，零件有无松脱等情况，并及时加以纠正。

3. 测试方法

受试者赤足，立正姿势站在身高计的底板上（上肢自然下垂，足跟并拢，足尖分开约成60°角），足跟、骶骨部及两肩胛区与立柱相接触，躯干自然挺直，头部正直，耳屏上缘与眼眶下缘呈水平位（图1）。测试人员站在受试者右侧，将水平压板轻轻沿立柱下滑，轻压于受试者头顶。测试人员读数时双眼应与压板水平面等高进行读数。记录员复述后进行记录。以厘米

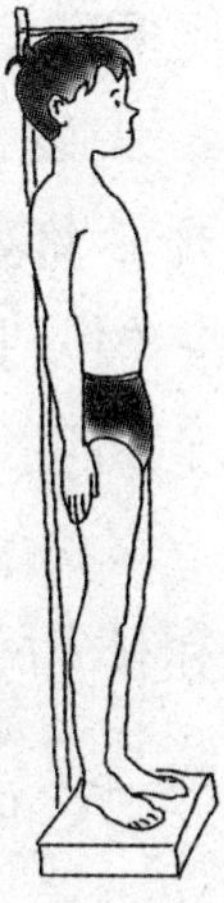

图1

为单位，精确到小数点后一位。测试误差不得超过 0.5 厘米。

4. 注意事项

(1) 身高计应选择平坦靠墙的地方放置，立柱的刻度尺应面向光源。

(2) 严格掌握“三点靠立柱”、“两点呈水平”的测量姿势要求，测度人员读数时两眼一定与压板等高，两眼高于压板时要下蹲，低于压板时应垫高。

(3) 水平压板与头部接触时，松紧要适度，头发蓬松者要压实，头顶的发辫、发结要放开，饰物要取下。

(4) 读数完毕，立即将水平压板轻轻推向安全高度，以防碰坏。

(5) 测量身高前，受试者不应进行体育活动和体力劳动。

二、体重

1. 测试目的

测试学生的体重，与身高测试相配合，评

定学生的身体匀称度，学生生长发育的水平及营养状况。

2. 场地器材

杠杆秤或电子体重计。使用前需检验其准确度和灵敏度。准确度要求误差不超过0.1%，即每百千克误差小于0.1千克。检验方法是：以备用的10千克、20千克、30千克标准砝码（或用等重标定重物代替）分别进行称量，检查指标读数与标准砝码误差是否在允许范围。灵敏度的检查方法是：置100克重砝码，观察刻度尺变化，如果刻度抬高了3毫米或游标向远移动0.1千克而刻度尺维持水平位时，则达到要求。

3. 测试方法

测试时，杠杆秤应放在平坦地面上，调整“0”至刻度尺水平位。受试者赤足，男性受试者身着短裤；女性受试者短裤、短袖衫，站在秤台中央。测试人员放置适当砝

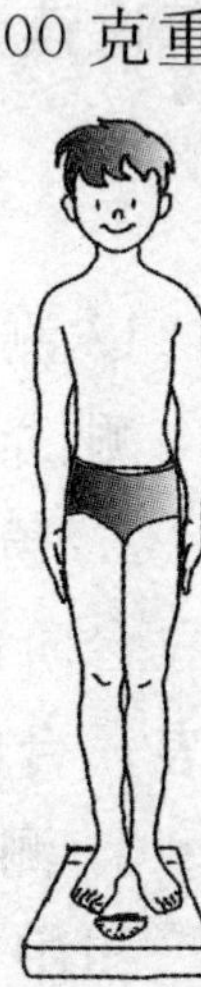

图2

码并移动游标至刻度尺平衡。读数以千克为单位，精确到小数点后一位。记录员复诵后将读数记录。测试误差不超过0.1千克（图2）。

4. 注意事项

（1）测量体重前受试者不得进行剧烈体育活动和体力劳动。

（2）受试者站在秤台中央，上下杠杆称动作要轻。

（3）每次使用杠杆秤时均需校正。测试人员每次读数前都应校对砝码避免差错。

三、台阶试验

1. 测试目的

测试学生的心血管机能。

2. 场地器材

台阶或凳子、节拍器（或录音机及磁带）、秒表、台阶实验仪。

3. 测试方法

初中以上男生用高40厘米台阶（或凳子）；女生及小学四年级以上男女生用高35厘

米的台阶（或凳子）；做踏台上、下运动。测验前测定安静时的脉搏，然后受试者做轻度的准备活动，主要是活动下肢关节。上、下台阶（或凳子）的频率是 30 次/分，因而节拍器的节律为 120 次/分（每上、下一次是四动）。受试者按节拍器的节律完成试验。

被测试者从预备姿势开始，（1）被测试者一只脚踏在台阶上；（2）踏台腿伸直成台上站立；（3）先踏台的脚先下地；（4）还原成预备姿势。用 2 秒上、下一次的速度（按节拍器的节律来做）连续做 3 分钟（图 3）。做完后，

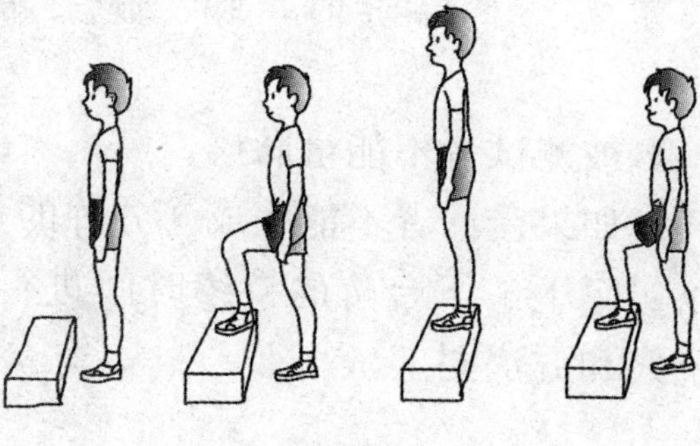

图 3

立刻坐在椅子上测量运动结束后的 1 分钟至 1

分半钟、2分钟至2分半钟、3分钟至3分半钟的3次脉搏数。并用下列公式求得评定指数，计算结果包括含有小数的，对小数点后的1位进行四舍五入取整进行评分。

$$\text{评定指数}=\frac{\text{踏台上、下运动的持续时间（秒）}\times 100}{2\times\text{（3次测定脉搏的和）}}$$

4. 注意事项

（1）心脏病患者不能测试。

（2）按2秒上、下一次的节奏进行。当受试者跟不上节奏时应及时提醒，如果三次跟不上节奏应停止测试，以免发生伤害事故。

（3）上、下台阶时，膝、髋关节都应伸直。

（4）被测试者不能量脉搏。

（5）如果受试者不能完成3分钟的负荷运动，以实际上、下台阶的持续时间进行计算，计算公式和方法同上。

四、肺活量

1. 测试目的

测试学生的肺通气功能。

2. 场地器材

电子肺活量计。

3. 测试方法

房间通风良好；使用干燥的一次性口嘴(非一次性口嘴，则每换测试对象需消毒一次。每测一人时将口嘴朝下倒出唾液，并注意消毒后必须使其干燥)。肺活量计主机放置平稳桌面上，检查电源线及接口是否牢固，按工作键液晶屏显示“0”即表示机器进入工作状态，预热5分钟后测试为佳。

首先告知被测者不必紧张，并且要尽全力，以中等速度和力度吹气效果最好。令被测试者面对仪器站立、手持吹气口嘴，面对肺活量计站立试吹1～2次，首先看仪表有无反应，还要试口嘴或鼻处是否漏气，调整口嘴和用鼻夹（或自己捏鼻孔）；学会深吸气（避免耸肩提气，应该像闻花式的慢吸气）；深吸气后屏住气再对准口嘴尽力深呼气，直到不能呼气为止，防止此时从口嘴处吸气，测试中不得中途二次吸气。

被测试者进行一两次较平日深一些的动作后，更深地吸一口气，向口嘴处慢慢呼出至不能再呼出为止。吹气完毕后，液晶屏上最终显示的数字即为肺活量毫升值。每位受试者测三次，每次间隔 15 秒，记录三次数值，选取最大值为测试结果。以毫升为单位，不保留小数。

4. 注意事项

（1）电子肺活量计的计量部位的通畅和干燥是仪器准确的关键，吹气筒的导管必须在上方，以免口水或杂物堵住气道。

（2）每测试 10 人及测试完毕后用干棉球及时清理和擦干气筒内部。严禁用水、酒精等任何液体冲洗气筒内部。

（3）导气管存放时不能打折。

（4）定期校对仪器。

五、50 米跑

1. 测试目的

测试学生速度、灵敏素质及神经系统灵活性的发展水平。

2. 场地器材

50 米直线跑道若干条，地面平坦，地质不限，跑道线要清晰。发令旗一面，口哨一个，秒表若干块（一道一表）。秒表使用前应用标准秒表校正，每分钟不得超过 0.2 秒。标准秒表的选定，以北京时间为准，每小时误差不超过 0.3 秒。

3. 测试方法

受试者至少两个一组测试。站立起跑，受试者听到“跑”的口令后开始起跑。发令员在发出口令同时要摆动发令旗。计时员视旗动开表计时。受试者躯干部到达终点线的垂直面停表。记录以秒为单位，精确到小数点后一位。小数点后第二位数按非“0”进 1 原则进位，如 10.11 秒读成 10.2 秒，并记录之。

4. 注意事项

（1）受试者测试最好穿运动鞋或平底布鞋，赤足亦可。但不能穿钉鞋、皮鞋、塑料凉鞋。

（2）发现有抢跑者，要当即召回重跑。

（3）如遇风时一律顺风跑。

六、立定跳远

1. 测试目的

测试学生下肢肌肉爆发力及身体协调能力的发展水平。

2. 场地器材

沙坑、丈量尺。沙面应与地面平齐，如无沙坑，可在松软的平地上进行。起跳线至沙坑近端不得少于 30 厘米。起跳地面要平坦，不得有坑凹。

3. 测试方法

受试者两脚自然分开站立，站在起跳线后，脚尖不得踩线（最好用线绳做起跳线）。两脚原地同时起跳，不得有垫步或连跳动作。

丈量起跳线后缘至最近着地点后缘的垂直距离。每人试跳三次，记录其中成绩最好一次。以厘米为单位，不计小数。

4. 注意事项

（1）发现犯规时，此次成绩无效。三次试跳均无成绩者，再跳至取得成绩为止。

（2）可以赤足，但不得穿钉鞋、皮鞋、塑料凉鞋测试。

七、坐位体前屈

1. 测试目的

测量学生在静止状态下的躯干、腰、髋等关节可能达到的活动幅度，主要反映这些部位关节、韧带和肌肉的伸展性和弹性及学生身体柔韧素质的发展水平。

2. 场地器材

坐位体前屈测试计。

3. 测试方法

受试者腿伸直，两腿平蹬测试纵板坐在平地上，两脚分开约 10～15 厘米，上体前屈，两臂伸直向前，用两手中指尖逐渐向前推动游标，直至不能前推为止（图 4）。测试计的脚蹬纵板内沿平面数为“0”点，向内为负值，向前为正值。记录以厘米为单位，保留一位小数。测试两次，取最好成绩。

图 4

4. 注意事项

（1）身体前屈两臂向前推游标时腿不能弯曲。

（2）不能猛力向前，要匀速逐渐向前推。

八、握力

1. 测试目的

测试学生上肢肌肉力量的发展水平。

2. 场地器材

电子握力计或合格的弹簧式握力计。

3. 测试方法

被测试者两脚自然分开成直立姿势，两臂自然下垂。一手持握力计全力紧握（此时握力计不能接触衣服和身体），记下握力计指针的刻度（或握力器所显示的数字）。用有力（利）手握两次。取最大值，以公斤为单位，测试时保留 1 位小数。

4. 注意事项

保持手臂自然下垂姿势，手心向内，不能触及衣服和身体。

九、800 米跑（女）或 1 000 米跑（男）

1. 测试目的

测试学生耐力素质的发展水平、心血管呼吸系统的机能及肌肉耐力。

2. 场地器材

400 米、300 米、200 米田径场跑道，地质不限。也可使用其他不规则场地，但必须丈量准确，地面平坦。发令旗一面，秒表若干块，使用前需要校正，要求同50米跑。

3. 测度方法

受测者至少两人一组进行测试，站立式起跑。当听到"跑"的口令后开始起跑。计时员看到旗动开表计时，当受测者的躯干部到达终点线垂直面时停表。

注意事项和成绩记录方法同50米×8往返跑。

十、仰卧起坐

1. 测试目的

测试腹肌耐力。

2. 场地器材

垫子若干块（或代用品），并铺放平坦。

3. 测试方法

受测者全身仰卧于垫上，两腿稍分开，屈膝呈90°角左右，两手指交叉脑后。另一同伴压住其踝关节，以便固定下肢。受试者起坐时两肘触及或超过双膝为完成一次。仰卧时两肩

胛必须触垫（图 5）。测试人员发出“开始”口令的同时开表计时，记录 1 分钟内完成次数。1 分钟到时，受测者虽已坐起但肘关节未达到双膝者不计该次数，精确到个位。

图 5

4. 注意事项

（1）如发现受测者借用肘部撑垫或臀部起落的力量起坐时，该次不计数。

（2）测试过程中，观测人员应向受测者报数。

（3）受测者双脚必须放于垫上。

十一、掷实心球

1. 测试目的

测试学生的上肢爆发力。

2. 场地器材

长度在 30 米以上的平整场地一块，地质不限，在场地一端划一条直线作为起掷线。实心球若干，测试球重为 2 公斤。

3. 测试方法

测试时受试者站在起掷线后，两脚前后或左右开立，身体面对投掷方向，双手举球至头上方稍后仰，原地用力把球投向前方掷出。如两脚前后开立投掷，当球出手的同时后脚可向前迈出一步，但不得踩线。每人投掷三次，记录其中成绩最好的一次。记录以米为单位，取一位小数。丈量起掷线后缘至球着地点后缘之间的垂直距离。为了准确丈量成绩，应有专人负责观察实心球的着地点。

十二、引体向上

1. 测试目的

测试男生肩背最大力量和力量耐力的典型指标。

2. 场地器材

高单杠或高横杠，杠粗以手能握住为准。

3. 测试方法

受试者跳起双手正握杠，两手与肩同宽成直臂悬垂。静止后，两臂同时用力引体（身体不能有附加动作），上拉到下颏超过横杠上缘为完成一次。记录引体次数。

4. 注意事项

（1）受试者应双手正握单杠，待身体静止后开始测试。

（2）引体向上时，身体不得做大的摆动，也不得借助其他附加动作撑起。

（3）两次引体向上的间隔时间超过 10 秒终止测试。

十三、跳绳

1. 测试目的

测试学生的下肢力量和身体协调能力。

2. 场地器材

地面平整、干净的场地一块，地质不限。

主要测试器材包括秒表、发令哨、各种长度的跳绳若干条。

3. 测试方法

两人一组，一人测试，一人记数。受试者将绳的长短调至适宜长度，听到开始信号后开始跳绳，动作规格为正摇双脚跳绳，每跳跃一次且摇绳一回环（一周圈），计为一次。听到结束信号后停止，测试员报数并记录受试者在1分钟内的跳绳次数。测试单位为次。

4. 注意事项

测试过程中跳绳拌脚，除该次不计数外，应继续进行。

十四、篮球运球

1. 测试目的

测试学生综合身体素质和篮球运球基本技能水平。

2. 场地器材

测试场地长20米，宽7米，起点线后5米设置两列标志杆，标志杆距同侧边线3米。各排标志杆相距 3 米，共 5 排杆，全长 20 米，并列的两杆间隔 1 米（图 6）。测试器材包括秒表（使用前应进行校正，要求同 50 米跑）、发令哨、30 米卷尺、标志杆 10 根，篮球或小篮球若干个。测试用球应符合国家标准。

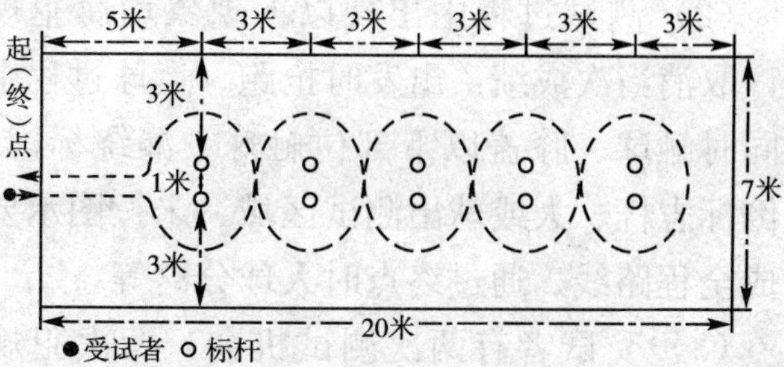

图 6　篮球运球场地设置及测试示意图

3. 测试方法

受试者在起点线后持球站立，听到出发口令后，按图中箭头所示方向单手运球依次过杆，高中学生和大学生每次过杆时需换手运球。发令员发令后开表计时，受试者与球均返回起终点线时停表。每名受试者测两次，记录其中成绩最好一次。以秒为单位记录测试成绩，精确到小数点后一位，小数点后第二位数非“0”时进1。

4. 注意事项

（1）测试中篮球脱手后，如球仍在测试场地内，受试者可自行捡回，并在脱手处继续运球，不停表。

（2）测试过程中出现以下现象均属犯规行为，取消当次成绩：出发时抢跑、运球过程中双手同时触球、膝盖以下部位触球、漏绕标志杆、碰倒标志杆、人或球出测试区域、未按图示要求完成全程路线、通过终点时人球分离等。

（3）受试者有两次测试机会，两次犯规无成绩者可再测直至取得成绩。

十五、足球运球

1. 测试目的

测试学生综合身体素质和足球运球基本技能水平。

2. 场地器材

在坚实、平整场地或足球场上进行，测试区域长30米，宽10米，起点线至第一杆距离为5米，各杆间距5米，共设5根标志杆，标杆距两侧边线各5米（图7）。测试器材包括足球若干个（测试用球应符合国家标准），秒表（使用前应进行校正，要求同50米跑），30米卷尺，5根标志杆。

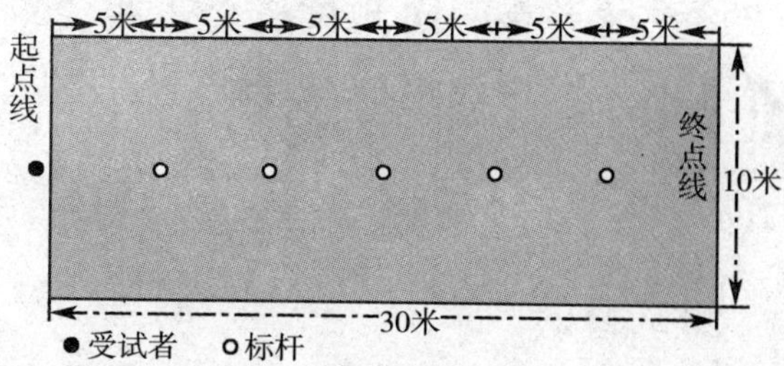

图7　足球运球场地示意图

3. 测试方法

受试者站在起点线后准备，听到出发口令后开始向前运球依次过杆。受试者和球均越过终点线即为结束。发令员发令后开始计时，受试者与球均到达终点线时停表。每人跑两次，记录其中成绩最好的一次成绩。以秒为单位记录测试成绩，精确到小数点后一位。小数点后第二位数非“0”时进1。

4. 注意事项

(1) 测试过程中出现以下现象均属犯规行为，取消当次成绩：出发时抢跑、漏绕标志杆、碰倒标志杆、故意手球、未按要求完成全程路线等。

(2) 受试者有两次测试机会，两次犯规无成绩者可再测直至取得成绩。

十六、排球垫球

1. 测试目的

测试学生综合身体素质和排球基本技能水平。

2. 场地器材

在坚实、平坦的场地或排球场上进行，测试器材为排球。测试用球应符合有关国家标准。

3. 测试方法

受试者在规定的测试区域内原地将球抛起，个人连续正面双手垫球，要求手型正确、击球部位准确、达到规定的高度，球落地即为测试结束，按次计数。受试者每次垫球应达到的高度，大学男生为 2.43 米，大学女生为 2.24 米。每名受试者测试两次，记录其中成绩最好的一次。测试单位为次。

4. 注意事项

（1）测试过程中如出现以下现象均只作为调整，不计次数：采用传球等其他方式触球、测试区域之外触球、垫球高度不足等。

（2）为方便判定垫球高度，可将排球场的球网调整到相应的高度，或者在测试区域外相距 0.5 米处插两根标杆，杆杆顶端用橡皮筋或标志线相连，将标杆调整到相应的高度，测试时通过比较垫球的高度与球网或标志线的高度进行判定。

第三章 《国家学生体质健康标准》测试的内容和意义

一、为什么要进行学生体质健康标准的测试?

《国家学生体质健康标准》是《国家体育锻炼标准》的一个组成部分，是《国家体育锻炼标准》在学校中的具体应用。《国家学生体质健康标准》测试的目的是为了贯彻落实第三次全国教育工作会议提出的“学校教育要树立‘健康第一’的指导思想”的精神，促进学生积极地参加体育锻炼，上好体育与健康课，增强学生的体质和提高健康水平，把学生培养成为德、智、体、美全面发展的高素质人才。

通过每年一次的《国家学生体质健康标准》的测试，可以清楚地了解自己体质与健康的状况，还可帮助你监测一年来体质与健康状况是否发生变化及变化的程度。这些都有助于

你在新的一年里有的放矢地设定自己的锻炼目标，有针对性地选择锻炼策略，制定切实可行的锻炼计划。

《国家学生体质健康标准》要求中学生测试哪些项目？

根据《国家学生体质健康标准》的要求，大学生需要完成的测试分别是身高，体重，肺活量，台阶试验或耐力跑，50 米跑或立定跳远，握力或仰卧起坐（女生）或坐位体前屈。这次的标准还新加了引体向上（男）、跳绳、篮球运球、足球运球和排球垫球。

二、为什么要选择这些测试项目？

根据我国国情，在充分考虑测试内容的科学性、全面性和可操作性的前提下，《国家学生体质健康标准》中所选择的测试项目，突出了发展和改善身体健康素质的内容要素，旨在促进对学生健康有直接影响且关系密切的身体成分、心血管系统的功能、肌肉的力量和耐力以及柔韧性的改善、发展与提高。

三、为什么要设立选测项目？谁来选择？

选测项目的设立旨在引导学生全面地锻炼身体；减轻学生、教师和学校测试工作的负担；强调全面锻炼身体的过程；实现教学内容和测试项目分开，克服考什么学什么、测什么练什么的应试教育弊端，保证体育与健康课教学活动的正常进行。

选测项目由各地（市）级教育行政部门在测试前随机确定。

四、为什么要开展“全国亿万学生阳光体育运动”？

鼓励学生走向操场、走进大自然、走到阳光下，形成青少年体育锻炼的热潮。要根据学生的年龄、性别和体质状况，积极探索适应青少年特点的体育教学与活动形式，指导学生开展有计划、有目的、有规律的体育锻炼，努力改善学生的身体形态和机能，提高运动能力，达到体质健康标准。对达到合格等级的学生颁发“阳光体育证章”，优秀等级的颁发“阳光体育奖章”，增强学生参加体育锻炼的荣誉感和自觉性。

五、身高标准体重有何意义？

身高标准体重是指身高与体重两者的比例应在正常的范围。它通过身高与体重一定的比例关系，反映人体的围度、宽度和厚度以及人体的密度，是评价人体形态发育水平和营养状况及身体匀称度的重要指标。人的体形肥胖、健壮或瘦弱，都是针对身高与体重的比例是否协调与适中而言。经常检测身高标准体重，对于掌握自己的体重是否适宜，是否需要调整饮食，评定运动量的大小和生理机能的变化等，都有重要的意义。

身高标准体重测量方法简便易行，它可间接地反映人体的身体成分。如果你所测得的身高标准体重数值小于或大于同年龄段的身高标准体重范围，就说明你身体的匀称度欠佳，需要通过调整饮食结构或积极参加体育运动来增加肌肉组织或减少体内多余的脂肪。

影响骨骼生长的因素有：

1. 遗传和种族是影响骨骼生长的内在因素，通过外在因素可以部分改变。

2. 脑垂体、甲状腺、性腺分泌的激素影响骨骼的生长。

3. 维生素 A、C、D 与骨骼的生长有关。

4. 骨骼的生长和发育还受机械力的作用。长骨受到的纵向压力会影响骨内的代谢，正常的体力劳动和体育锻炼可使骨骼粗壮结实。

5. 保证睡眠非常重要。睡眠可使生长激素的分泌增加，使骨获得更长的生长时间。

六、台阶试验指数是高好还是低好？

台阶试验指数是反映人体心血管系统机能状况的重要指数。台阶试验指数值越大，则反映你心血管系统的机能水平越高；反之亦然。经常参加有氧代谢运动，可提高你心血管系统的机能水平，其表现为在完成台阶试验定量负荷工作时脉搏搏动次数下降；在试验结束后脉搏的搏动次数恢复到安静状态下的次数所用的时间缩短；台阶试验指数增高。

七、为什么要进行耐力跑测试?

耐力跑是国内外评价心血管系统机能水平最简便的方法之一。心血管机能水平高的人在跑相同距离时所用的时间相对要少。因此，如果你的心血管系统机能较强，就能在耐力测试中取得好成绩。假如你用了100%的“力量”还不能取得理想成绩，说明你心血管系统的机能欠佳，有相当大的发展空间，通过循序渐进的有氧耐力锻炼、科学地控制饮食和降低体重就可以得到改善和提高。

八、为什么采用肺活量体重指数进行评价?

肺活量是评价人体呼吸系统机能状况的一个重要指标。科学家指出：肺活量低的人难以与肺活量高的人一样同享高寿。由于肺活量的大小与体重、身高、胸围等因素有着密切的关系，因此，为了将学生身体发育的不同步因素在肺脏机能的评价中得以体现，所以选用了肺活量体重指数。

九、50 米跑测试有何意义?

虽然 50 米跑动作结构简单，但它可反映你神经过程的灵活性、身体的协调性、关节和肌肉的柔韧性以及肌肉的力量和耐力。我们不能指望身体不灵活、肌肉无力、协调性和柔韧性很差的人可以在 50 米跑的测试中取得好成绩。因此，50 米跑的测试成绩可部分地反映你身体运动的综合素质，它也是你从事体育活动，学习运动技能所必须具备的身体基本素质。中学阶段是发展速度素质的大好时机，你应该抓住这一时机促进速度素质的发展，为终身体育打下良好的基础。

十、握力体重指数的含义是什么?

握力主要反映了你前臂和手部肌肉的力量，同时也与其他肌群的力量有关，而且还是反映肌肉总体力量的一个很好的指标。握力体

重指数反映的是你肌肉的相对力量，即每千克体重的握力。

十一、仰卧起坐的测试目的是什么?

仰卧起坐测试是评价肌肉力量和耐力的方法之一，由于它能比较安全地测试肌肉的力量和耐力，所以受到广泛的欢迎和应用。在做仰卧起坐时，主要是腹肌在起作用，髋部肌肉也参与了工作，因此这种测试既评价了你腹肌的耐力，也反映了你髋部肌肉的耐力。由于女生这两部分肌肉的力量和耐力与其某些生理功能有密切的联系，因此将仰卧起坐单独列为女生的一个选测项目。

十二、立定跳远是测量腿部肌肉的力量吗?

立定跳远主要是测量你向前跳跃时下肢肌肉的爆发力。力量（最大力量）在体育运动和日常生活中都是非常重要的身体素质。不仅参加体育比赛需要力量，而且在日常生活中，如在搬运重物时也需要力量，此外骑自行车、爬山、远足等休闲活动都需要腿部力量。腿部的爆发力是以腿部的力量为基础，没有力量就谈不上爆发力，也谈不上肌肉的耐力。

十三、坐位体前屈测试与健康有关吗？

坐位体前屈测试反映的是关节和肌肉的柔韧性。柔韧性差意味着相应的关节和肌肉缺乏运动。长时间缺乏发展柔韧性的练习，可导致关节或关节周围软组织发生变性、挛缩，甚至粘连，因而限制了关节的运动幅度，牵拉时必然产生疼痛，所以扩大关节运动的幅度即扩大了人体活动的无痛范围。身体柔韧性差会影响体育活动、学习、工作，甚至会影响人们的健康与生活质量，所以柔韧性是身体健康素质的要素之一，必须引起你的高度重视。

十四、跳绳的测试目的是什么？

跳绳是综合反映学生跳跃能力和上下肢协调配合能力的项目，同时也能在一定程度上体现力量、协调、灵敏等多项素质的水平，属于反映综合身体素质和运动能力的测评项目。由于该项目器材简便，较少受场地影响，锻炼效果良好，练习安全性高等特点，不仅是学生锻炼健身的良好项目，也成为对学生素质进行评价的重要指标。因此，在本次《标准》修订中，该项目也成为新增评价指标之一。

《标准》规定跳绳的测试和评价以次为单位，测试值直接查表评分。

十五、为何要新增篮球运球、足球运球、排球垫球三个测试项目?

篮球、足球、排球均是在学生中开展非常广泛的项目，以上四个指标属于反映综合身体素质和运动能力的指标。这三类运动项目所反映的运动能力，是人体在运动中掌握和有效地完成专门动作的能力，是由知识、技术、技能和智力构成的一种个性身心品质的综合体。诸多研究表明，球类运动在学生中受众广泛，参与率高。在指标体系中加入该类项目的测量和评价，旨在促进学生提高全面锻炼身体能力，并增加不同地区和学校项目选择的灵活性。

上述四项球类评指标的内容均为反映相应球类项目的基础运动能力的连续性简单动作组合。如篮球的测试内容为篮球蛇行运球，足球的测试内容为足球颠球（小学五、六年级）或足球运球过杆（初中、高中和大学各年级），排球的测试内容为排球垫球。综合来看，仍以反映学生的协调、灵敏身体素质为主。

篮球运球、足球运球的测试和评价均以秒为单位记录测试成绩，精确到小数点后一位，小数点后第二位数非“0”时进1。足球颠球、排球垫球的测试和评价以次为单位，测试值直接查表评分。

十六、什么是体育锻炼的 FIT 监控原则？

FIT 是次数（Frequency）、强度（Intensity）和时间（Time）这三个英文单词的缩写，它是我们从事以健康为目的的运动时必须采用的基本监控原则。要想在安全的锻炼过程中取得良好的锻炼效果，你就必须在体育锻炼中科学地控制每周锻炼的次数、每次运动的强度和时间。

次数：表示一个人一个周期，如每周进行身体锻炼的次数。要想获得良好的体育锻炼效果，每周至少应该进行 3～5 次体育锻炼。作为一名身体正处在生长发育期的大学生，应该保证每周进行 3～5 次体育锻炼。

强度：对有氧运动的强度控制可以通过测量心率来实现。在进行有氧运动时，心率应该控制在自己最大心率的 60%～80%之间为宜。在力量练习中，可以通过调控练习器械的重量、练习的组数和次数来贯彻 FIT 监控原则。要使自己现有的身体健康素质水平逐步得到提高，就必须在适应一定的运动强度后，逐渐加大你现在锻炼时的运动强度，即完成一个从适应到不适应再到适应这样一个循环往复锻炼的渐进过程。

时间：是指每次运动的持续时间。为了提高心肺循环系统的耐力，至少应持续进行 20～30分钟的有氧运动。练习的强度会直接影响持续运动的时间，而在大多数情况下控制运动时间要比控制运动强度容易得多。

十七、如何运用超负荷原则指导体育锻炼?

超负荷原则是指在进行体育锻炼时身体或特定的肌肉所受到的刺激强于不锻炼时或已适应的刺激强度。你在进行体育锻炼时只有遵循超负荷原则，身体健康素质才能在现有的基础上逐步得到提高。

发展有氧耐力水平可以通过增加每周的练习次数、每次练习的持续时间和练习的强度来达到超负荷的锻炼目的。

发展肌肉力量练习的超负荷，可通过增加器械的重量、增加练习的次数或组数或缩短每组练习的间歇时间来实现。

超负荷原则同样也适用于发展关节和肌肉的柔韧性，你可通过增加肌肉的拉伸长度，拉伸持续的时间和加大关节活动的幅度来实现。

运用超负荷原则指导体育锻炼最重要的因素就是实事求是，从自己身体健康素质现有水平的实际出发，循序渐进地调整影响锻炼效果的各种因素。

十八、体育锻炼为什么要遵循循序渐进原则？

体育锻炼对增强体质，促进健康的作用是循序渐进、逐步提高的。该原则要求在进行体育锻炼或发展某种身体健康素质时应逐渐增加运动负荷。要想获得理想的锻炼效果，增加运动负荷不宜太慢或太快。运动负荷增加太慢会限制身体健康素质的进一步提高，增加太快可能造成过度疲劳或引发运动损伤，影响正常的学习和生活。该原则是保持体育锻炼动机和欲望以及预防运动损伤的重要保证。

需要牢记的是保持良好的身体健康素质是一个持续不断而且需要终身追求的漫长历程。始终保持较高的运动欲望和对体育活动的喜爱是成功走完这一漫长历程的关键因素，而你在学校期间身体健康素质所获得的持续进步和成功的心理体验对你未来能否完成这一漫长历程起着十分重要的作用。

十九、体育锻炼的安全性原则主要有哪些内容?

安全性原则要求你在体育锻炼的过程中始终注意保护自己，做到安全第一。其主要内容包括：

1. 不要盲目参加超过你的能力的活动，应该通过力所能及的体育活动来锻炼身体。

2. 在有条件的情况下，请体育教师或运动学专家根据你的体质健康状况给你开运动处方，它可以指导你有目的、有计划地进行安全、科学的锻炼。

3. 每次锻炼前必须做好充分的准备活动，克服内脏器官的生理惰性，预防运动损伤的发生。

4. 饭后、饥饿或疲劳时应暂缓锻炼；生病初愈不宜进行较大强度的锻炼。

5. 对于不熟悉的水域，不要随便入水游泳或潜水，以免发生意外。在公共游泳场所进行游泳时，要注意公共卫生，服从工作人员的管理。

6. 每次锻炼后，要注意做好整理、放松活动。这样有利于促进身体的恢复，以便迅速投入到学习活动中去。

7. 在锻炼的过程中，不要大量饮水，以免加重心脏的负担或引起身体及肠胃的不适反应。运动后，不宜即刻洗冷水澡。

8. 在制定或实施自己的锻炼计划前，一定要经过体检和医生的认可。如果你患有某种疾病或有家族遗传病史，需要找大夫咨询，在有医务监督的情况下按照体育教师和医生的建议进行锻炼。

二十、怎样选择锻炼内容？锻炼时应遵循什么原则？

选择锻炼内容要从体育的目的、任务和个人的具体情况出发，有关原则有：因人制宜的原则；结合专业的原则；全面发展的原则。

体育锻炼应遵循的原则是自觉积极性原则、循序渐进的原则、持之以恒原则和全面锻炼原则。

二十一、体育锻炼前为什么要进行准备活动?

准备活动是在进行体育锻炼、训练和比赛前所进行的一系列身体练习。它可使肌体有准备地从相对安静状态过渡到紧张活动状态。主要作用表现在克服机能惰性、预防运动操作和调整赛前状态等几个方面。

1. 提高神经、肌肉的兴奋性，克服内脏器官机能的惰性，通过准备活动，逐步提高中枢神经系统和肌肉的兴奋性，加强心血管和呼吸器官的活动能力，使机体各方面的功能达到适应剧烈运动的心理、生理要求。使机体尽早地达到最佳状态。

2. 预防运动操作。适宜的准备活动，加强呼吸和血液循环的机能，使身体发热，减少肌肉、韧带黏性，增加其弹性和伸展性，加大关节活动幅度。

3. 调节练前状态。缺乏锻炼的人，常常在锻炼时的各种刺激影响下，因条件反射而引起一系列机能变化。如锻炼前出现脉搏加快、呼吸频率加快、血压上升等。锻炼前兴奋性过高，出现过度紧张，以致肌肉发生抖颤，出现动作失调现象。相反，兴奋过低则又不能很好地动员整个机体的活动能力。通过准备活动机能可以得到较好的调节。强度大、节律快的练习可以提高兴奋性；强度小、节律慢的练习可以降低兴奋性。

二十二、怎样通过心率来调控运动强度?

心率可以帮助了解和控制体育锻炼过程中的运动强度，它可以准确地告诉你运动强度是需要增加还是需要减少。触压桡动脉和颈动脉就可以测量心率。触压脉搏时不要用力太大，以便保证血液的正常流动。

为了准确地测量运动时的心率，必须在运动结束后的 5 秒钟内开始进行测量，测量 10 秒钟的心率再乘以 6，作为运动时 1 分钟的心率。

最高心率：是指人体做极限运动时的心搏频率。所有人群都可以采用下列的公式来估计出自己的最大心率：

最大心率＝220－年龄

靶心率：是指通过有氧运动提高人体心血管系统机能时有效而且安全的运动心率范围，常用它来调节运动负荷。下列公式可以帮助你计算或监测运动时自己适宜的心率范围。

靶心率为：最大心率×60％和最大心率×80％之间的范围。

注：成年人靶心率的上限为最大心率×80％；青少年靶心率的上限为最大心率×85％。

靶心率为人们提供了运动时安全有效的心率范围。学会了如何根据靶心率来调控自己锻炼时的运动强度，就应该利用这种方法指导自己的实践活动。

二十三、如何对锻炼环境进行监控？

在阳光下锻炼身体，我们可以直接接受太阳辐射到地球上的光线、紫外线和红外线，它们对人类的健康与生存尤为重要。但是，这些射线和自然环境中的一些有害因素也随时威胁着我们的健康。

1. 太阳射线对人体运动的不良影响。在体育锻炼时，皮肤过度暴露在强烈的阳光下对机体也会产生很大的伤害。紫外线可使局部皮肤毛细血管扩张充血，使表皮细胞破坏，导致皮肤发红、水肿，出现红斑；过量紫外线照射还可以引起光照性皮炎、眼炎、白内障、头痛、头晕、体温升高、精神异常等症状。此外，过度紫外线照射还会诱发皮肤癌。

过强的红外线照射对机体有害，它可使局部组织温度过高，甚至发生烧伤。当头部受强烈阳光照射时，其中的红外线可使脑组织的温度上升，而引起全身机能失调。因此，要尽量避免在强烈的阳光下进行体育活动，同时还应选择在反射率低的场地进行锻炼。

2. 热环境中的体育锻炼。只有当体温恒定在 37℃ 时，机体才能维持进行正常的生理活动，超出这一范围过大就会对人体造成伤害。运动时，人体内产生的热量会大幅度增加，特别是剧烈运动时能比平时增加 100 倍以上。体内产生这么多的热量，如果蓄积在体内使体温升高，会引起一系列的机能失调，甚至休克，而热环境是不利于体内热量向外散发的。因此，在热环境中进行体育锻炼，必须采取防暑措施，否则就有患热辐射疾病的危险。

3. 湿度对体育锻炼的影响。在气温适中时，空气的湿度对人体影响不大，而在高温或低温时，较大的湿度对人体十分不利。湿度越大，人体通过蒸发散热的途径将受到越大的阻碍，人体产热和散热的平衡将被打破，使机体的正常功能受到不良的影响。在一般情况下，适宜的湿度为40%～60%，在气温过高或过低的情况下，空气湿度越低越好，当气温高于25℃时，空气湿度以30%为宜。因此，在体育锻炼时一定要对环境进行适时地监控，将不利于健康的因素控制到最低点。

4. 冷环境中的体育锻炼。在冷环境下，肌肉的粘滞性增大、伸展性和弹性降低、工作能力下降，更容易引起运动损伤。为了避免冷环境给运动带来的不利影响，在运动前一定要做好准备活动并增加热身活动的时间，保证体温进一步地升高；其次，不要张大嘴巴呼吸，避免冷空气直接刺激喉咙而引起呼吸道感染、喉痛和咳嗽等；再次，注意对耳、手、足的保温，防止冻伤的发生。在运动时不要穿太厚的服装，以免在运动中出汗较多，运动后感冒。运动后要及时穿好衣服保持身体温度。

5. 避免在空气污染的环境中进行锻炼。大气中的二氧化碳是影响体育锻炼效果的重要污染物，它们可导致胸腔发闷、咳嗽、头痛、眩晕及视力下降等，严重的还可导致支气管哮喘。在马路边跑步，呼吸由汽车排放的大量二氧化碳，会对锻炼者的健康造成严重的危害。因此，应避免到汽车流量大的马路边快走或跑步。因为空气中的可吸入颗粒物和雾中含有许多危害健康的物质，所以在遇到沙尘暴、可吸入颗粒物较多或大雾的天气时，也应停止在户外的锻炼。

二十四、身体成分对健康有何影响?

身体成分是构成身体健康素质的组成部

分，在《学生体质健康标准》中，采用身高标准体重的评价指标来间接地反映你的身体成分。身体成分主要是指人体脂肪的重量与其他组织重量的比例关系。了解自己的身体成分，有利于你通过体育锻炼或调节饮食来增加体重，或将体重控制在一定的范围之内，保持身体内适宜的脂肪含量。

人体内脂肪含量过多，机体做功能力就相对减小，血液中的胆固醇含量就高，容易导致人体内某些物质代谢的紊乱；脂肪过多，体重过大不仅会影响人体的健美，而且还会给健康带来一系列不良的影响。大量的流行病学调查显示：身体肥胖与冠心病、动脉粥样硬化、高血压、糖尿病、胆结石、关节炎及某些肿瘤的发生有关。肥胖还会增加心脏负担，显著缩短寿命。

体重过轻既是一种症状，又是一种疾病，它对人体健康有着多方面的危害。体重过轻的人，不仅容易疲倦、体力差、兴奋性低、学习和工作的效率不高，常有“力不从心”的感觉；而且抵抗力低、免疫力差、耐寒抗病能力弱，易患肺结核、肝炎、肺炎等疾病，也经不起疾病的折磨，对环境变化的适应能力不强。显然，体重过轻与肥胖一样，既不是健康的标准，也不是人体健美的象征，而是身心健康的大敌。

在《学生体质健康标准》身高标准体重评价表中，不同的测试数值都对应有过轻、偏轻、适中、偏重、过重不同体重的五个等级，如果你得到的评价是过轻或过重，也不用紧张，通过体育锻炼、调整饮食结构、改变不良的生活习惯是可以改善身体成分的，但这需要你恒心和毅力的加盟，你做好准备了吗？

二十五、体重、身高、胸围的指数计算公式是什么？

体重身高指数的计算公式为体重（公斤）除以身高（厘米）乘 1000，一般青年男女应在 325～420 之间，男子超过 450、女子超过 420 为肥胖，男女低于 300 则为瘦弱。

胸围指数的计算公式为：安静时胸围数减身高，一般指数大于零为良好，等于零为中等，小于零为较差。

二十六、体重过重应该怎样进行锻炼？

最佳的降低体重的方法就是体育锻炼与节制饮食相结合，因为它比只运用一种方法更能有效地降低体重。从长远的眼光看，要想成功持久地控制体重，避免降低体重后的“反弹”，必须养成体育锻炼和节制饮食的习惯，形成一个崭新的、充满着生命力的生活方式。通过体育锻炼来降低体重，应做到以下几点：

1. 要选择好适宜的运动方式。如果你的体重过重，体育锻炼的最佳方式应选择走、游泳、骑自行车等持续的周期性运动。随着体重的减轻，再选择其他的运动方式。

2. 保证每周的锻炼次数。锻炼的次数越多，则消耗的热量也就越多，反之则达不到降低体重的目的。对于体重过重的人来说，每天早晨和下午各锻炼一次，比每天只进行一次较长时间锻炼所消耗的热量要多。下午 4～5 点钟，大多数人身体的基础代谢都处于较低的水

平，这时是锻炼的最好时机。这时锻炼不但能够多消耗身体热量，同时还可以提高身体 20 分钟至数小时的基础代谢率，使热量得到进一步地消耗，所以降低体重的效果会更好。

3. 锻炼的强度是决定降低体重计划能否实现的关键。在刚开始锻炼时，应以小强度长时间的锻炼方式为宜。在体重有所下降，体质健康水平得到一定程度提高后，再逐步增加运动强度，如从慢走开始——快走——走跑交替——持续慢跑——持续中速跑等。

4. 持续运动的时间对降低体重最为重要。持续运动是指在运动时身体不要停下来休息，始终保持在运动的状态。如快走累了变成慢走、跑走交替都属于持续运动。

5. 大肌肉群参与运动能够消耗更多的热量。在锻炼时要尽量使四肢和躯干的肌肉参与运动，避免只有局部小肌肉群参与的运动。

6. 锻炼和控制饮食相结合。要降低体重，不仅要运动自己的腿，还要管好自己的嘴。要做到这一点并不是轻而易举的，除了自己应具有坚强的控制力和毅力之外，家长的参与、监督和配合也起着非常重要的作用。

二十七、如何通过体育锻炼来增加体重？

增加体重最有效的途径就是你摄取的热量要小于所消耗的热量。如果你在身高标准体重的评价中被评为过轻，想增加体重，当然是要增加肌肉而非脂肪，你可以从下面几个方面入手：

1. 去医院检查治疗。患有蛔虫病、慢性消耗性疾病，如结核病、慢性腹泻、内分泌疾病等，都会出现体重增长缓慢或下降的现象。

2. 打破旧的代谢平衡。“吃多少都不长肉”是瘦人们的共同体会。这是因为人体一旦习惯于某种生活模式，每天的入（进食）与出（消耗）基本保持平衡。在这种情况下，单靠多吃不起作用，要打破旧的平衡，首先要增加活动量，给身体一个需要增加能量摄入的信号，这样多吃的食物才会被消化和吸收。

3. 增加营养。蛋白质在摄入的总热量中只占 20%；糖类（米饭、馒头等主食）是补

充肌糖原的主要来源，粮食制品和蔬菜水果应占55%～60%；脂肪高热量的食物组成部分，应占25%～30%。

4. 尽量少食用咖啡、茶、可口可乐等含咖啡的饮料和食物以及其他导致基础代谢增加的药物。因为这些物质都可以使人体的基础代谢增加，消耗体内的热量，使体重降低。

5. 保证休息，精神放松。人在睡眠时会分泌“生长激素”，新陈代谢也处于最低水平，消耗最小，充足的睡眠是你生长的重要保证。

二十八、心血管系统机能对健康有何影响？

心血管系统的机能可以说是身体健康素质中最重要的组成要素，直接影响到我们的学习效率和生活质量。人们往往把提高心血管系统的功能与预防心血管疾病联系起来。因为，高血压、动脉硬化、脑血栓、冠心病、心肌梗塞等疾病都与心血管系统机能状况有关。心血管循环系统的耐力是心血管循环系统功能高低的重要标志。体育锻炼可使专门供给心肌血液的冠状动脉供血能力得到加强、心肌纤维增粗、收缩有力、每次输出的血液量增加，从而使心脏可以减少单位时间内的收缩次数，得到充分的休息，延长它的“工作”年限。测量安静状态下的脉搏，你就可以知道，通过体育锻炼这种变化是否已经在你身体上发生。

发展和提高心血管循环系统功能比较有效的运动有：走步、慢跑、骑自行车、跳绳、健身操、游泳和其他一些持续性运动项目，如球类运动、体育舞蹈、爬山、远足，等等。

二十九、有效提高心血管系统机能应注意什么?

为了有效提高你的心血管系统机能，应选择要以大肌肉群而不是肌肉群参与的运动方法。除此之外，在锻炼的次数、运动强度和练习时间方面应做到以下几点：

1. 每周至少进行 3 次以上的有氧锻炼。

2. 运动强度一定要控制在靶心率的范围之内。在采用走步或慢跑的方式进行锻炼时，

如果你还没有把握将运动强度控制在有氧代谢的范围内，这里介绍一种简单的控制方法，如果你能按每吸一口气走 3 步，每呼一口气走 3 步的节奏进行练习，说明你的运动强度是在“靶心率”的范围之内。如果你运动的节奏变为每吸或呼一口气只能跑 2 步时，就说明运动强度已经超过了你的“靶心率”范围，需要降低运动强度。

3. 每次有氧运动应保证一定的持续时间。除了准备活动，有氧运动一般要求在 10 分钟以上，最好达到或超过 20～60 分钟。

三十、提高心血管系统机能的锻炼应怎样安排？

由于人们的体质健康状况不同、日常学习和生活的安排也不同，而且学习和生活环境、体育锻炼的条件和设备都有所差异，因此要制订一个“放之四海而皆准”的锻炼计划是不可能的，也是做不到的。每个人锻炼计划中的锻炼项目、练习次数、练习时间、运动强度等都必须根据自己身体状况、兴趣、生活、环境和条件的具体情况来决定，在遵循体育锻炼的基本监控原则的前提下，制订自己的锻炼计划，科学安排计划中的各个要素。

运动处方是根据个体的健康、体力状况以及心血管系统功能状态，用处方的形式规定适当的运动种类和运动负荷，并指出运动中的注意事项。它是指导人们有目的、有计划进行科学锻炼的一种方法。

健身运动处方是20世纪50年代，由美国运动生理学家卡波维奇率先提出的。而后美国军医库泊（Kenneth H. Cooper）创造了闻名世界的健身运动方法——“有氧训练法”（12分钟跑测试法）。如何科学地测定和评价健身效果，运动多少才算适量，库泊认为要解决这个问题，就必须根据每个人的情况，开出运动处方。为此，他创出了“体力测试法”，为制定运动处方奠定了科学手段基础。

下面列举的有氧运动锻炼计划，可供同学们在制定运动处方时参考。

健身走运动处方

	周次	练习强度安排计划	次数	建　议
第一阶段（起始期）	第一周	练习前用中慢速走 5 分钟，然后用中速走 1600 米。	3	练习的距离和强度都不要加大，感到微微疲劳即可。
	第三周	距离增加到 2400 米，不考虑练习的时间，但要保证完成距离。	3	
	第六周	距离增加到 3200 米，不考虑练习的时间。	3	可将 3200 米分为早晨和下午两次完成，如果身体已适应这一强度就可进入第二阶段。
第二阶段（初练期）	第一周	中速走 3200 米。	3	练习的强度稍稍加大，开始考虑练习时间。
	第三周	距离增加到 4000 米。	3	
	第六周	距离增加到 4800 米。	3	如果身体已适应这一强度就可进入第三阶段。

（续表）

	周次	练习强度安排计划	次数	建议
第三阶段（适应期）	第一周	中速走 4800 米。	3	以 45～60 分钟完成练习为目标。
	第三周	中速走 4800 米。	4	
	第六周	距离增加到 6400 米。	4	如果身体已适应这一强度就可进入第四阶段。
第四阶段（适应期）	第一周	中速走 7200 米。	4	以 35～60 分钟完成练习为目标。
	第三周	中速走 7200 米。	5	
	第六周	中速走 8000 米。	5	如果身体已适应这一强度就可进入第五阶段。
第五阶段（目标期）	第一周	中速走 10 分钟，然后慢跑，不考虑时间和距离，尽量持续跑 20 分钟。	3	以逐渐达到自己靶心率的上限为目标。
	第三周	每次练习持续跑的时间增加 1 分钟，直到可以持续跑 30 分钟。	4	
	第六周	保持 30 分钟的持续跑。	4	靶心率保持在上限。

健身跑运动处方

	周次	练习强度安排计划	次数	建议
第一阶段（起始期）	第一周	采用慢速跑，直到身体感到有些疲劳，跑步停止后立即记录跑的距离；中速走直到疲劳基本减退，记录走的距离，再跑，直到疲劳再次产生；记录走和跑一共完成了多少距离。	3～4	这一距离就是你起初阶段的目标，在不加强度的情况下，只要持续跑完这一距离就实现了该阶段的目标，就可以进入第二周的练习。
	第三周	强度控制在靶心率的下限持续跑，不考虑时间和距离，直到感觉疲劳为止，但不要跑的精疲力竭。记录跑的时间。	3～4	每次练习增加持续跑的时间30～60秒，直到能持续跑 20 分钟。
	第六周	持续跑 20 分钟。	3～4	能够在靶心率下限的强度下持续跑 30 分钟就可以进入第二阶段。
第二阶段（初练期）	第一周	用靶心率下限的强度走跑交替完成 2000～2400 米。	4	直到能持续练跑 1600 米才可进行第三周的练习。
	第三周	以每秒 3 米的速度持续跑 1600 米，直到用 18 分钟完成 3200 米。	4	每周应跑不少于 9600 米。

（续表）

	周次	练习强度安排计划	次数	建　议
第二阶段（初练期）	第六周	保持 18 分钟持续跑 3200 米。		完成这一距离就实现了该阶段的目标，就可以进入第三阶段。
第三阶段（适应期）	第一周	以每秒 3 米的速度持续跑。	4	以每周完成 16000～20000 米为目标。
	第三周	没有间歇地跑 4000 米。	4	
	第六周	没有间歇地跑 4800 米。	4	完成这一距离就实现了该阶段的目标，就可以进入第四阶段。
第四阶段（适应期）	第一周	用靶心率中限的强度跑完 2400 米。	4	
	第三周	持续跑完 2400 米，每 400 米减少 4～10 秒。	5	
	第六周	在上述练习的基础上，持续跑完 2400 米，每 400 米再减少 5 秒。	5	
第五阶段（目标期）		保持第四阶段第六周的练习。	3	保持练习不间断就实现了目标。

游泳运动处方

	周次	练习强度安排计划	次数	建　议
第一阶段（起始期）	第一周	可采用任何泳姿游 12～20 分钟。	3	练习至呼吸紧促即可停止，以能够持续游 12～20 分钟为目标。
	第三周	尽可能采用爬泳练习，距离时间不限。	3～5	
	第六周	采用爬泳尽可能地延长持续时间。	3～5	如果达不到目标，延长该期的周数。
第二阶段（初练期）	第一周	可采用任何泳姿游 15～22 分钟。	3	练习至呼吸紧促即可停止，以能够持续游 15～22 分钟为目标。
	第三周	采用爬泳尽可能地延长持续时间。	5	
	第六周	每次练习持续游 30 分钟。	5	如果达不到目标，延长该期的周数。

（续表）

	周次	练习强度安排计划	次数	建　议
第三阶段（适应期）	第一周	采用爬泳持续游 450 米。	3	以能够持续游 12 分钟为目标，如果已经达到目标，应再增加 30 秒。
	第三周	采用爬泳持续游 450 米。	4	
	第六周	采用爬泳持续游 500 米。	4	如果达不到目标，延长该期的周数。
第四阶段（提高期）	第一周	采用爬泳持续游 600 米。	4	以能够持续游 15 分 30 秒为目标。
	第三周	采用爬泳持续游 600 米。	6	
	第六周	采用爬泳持续游 650 米。	6	如果达不到目标，延长该期的周数。
第五阶段（目标期）		从 650 米开始，每练习两次增加 50 米。	5	以能够持续游 900 米为目标。如果你还想继续提高，每练习 3 次再增加 50 米，直到用 35 分钟完成 1800 米。

骑自行车运动处方

	周次	练习强度安排计划	次数	建　议
第一阶段（起始期）	第一周	骑 3200 米。	3	开始练习不要考虑时间。
	第三周	用少于 12 分钟的时间骑完 3200 米。	3	尽量在 12 分钟以内完成。
	第六周	用少于 12 分钟的时间骑完 3200 米。	4	如果能完成目标可进入第二阶段。
第二阶段（初练期）	第一周	骑 4800 米。	3	尽量在 17 分钟以内完成。
	第三周	骑 4800 米。	4	尽量在 14 分钟以内完成。
	第六周	骑 4800 米。	5	如果能完成目标可进入第三阶段。
第三阶段（适应期）	第一周	骑 8000 米。	3	以 25 分钟完成 8000 米为目标。
	第三周	骑 8000 米。	4	
	第六周	骑 8000 米。	5	如果能完成目标可进入第四阶段。
第四阶段（提高期）	第一周	骑 12000 米。	4	以 35 分钟完成 12000 米为目标。
	第三周	骑 12000 米。	5	
第五阶段（目标期）		骑 12000 米。	4	以 24 分钟完成 12000 米为目标。

三十一、身体健康素质为什么要包括肌肉的力量和耐力?

肌肉力量是学习运动技能所必需的物质基础。肌肉力量提高所引起的肌肉纤维增粗直接影响到身体成分和心血管系统机能的发展与提高。发展肌肉的力量和耐力还是提高生活质量的重要因素，爬山、远足等郊游活动，打球、游泳等休闲健身活动都需要肌肉力量和耐力的提高，它可以帮助你享受更多的生活乐趣。此外，人体肌肉具有一定的力量和耐力，还可以较好地应付日常生活中所出现的不可预测的突发事件，使你可以更加从容地面对社会，面对生活。

三十二、如何发展肌肉的力量和耐力?

通过不断增加肌肉克服阻力大小的力量练习就可以发展肌肉的力量。不论性别和年龄的差异，只要每周进行适当的力量练习，都可以增加肌肉组织，促进健康。发展肌肉的力量和

耐力应符合下列要求：

1. 每周进行 2～3 次力量练习。一般来说，力量练习隔天为好，这样可以使疲劳的肌肉在 48 小时内得到完全的恢复，力量练习才能获得最佳的效果。

2. 根据身体状况和练习的目的来选择力量练习的强度和组数。力量练习强度和组数的选择，除了应遵循超负荷和循序渐进的锻炼原则之外，还应根据自己的练习目的而定。因为，不同的练习组数对发展肌肉的绝对力量、肌肉的体积和肌肉耐力的效果是不同的。

3. 科学安排力量练习的时间。肌肉力量在一天任何时间里都有变化，肌肉的速度、力量和耐力在下午 4～5 点钟相对处于最佳状态，所以你可将力量练习安排在这个时间段进行，以便能够获得良好的锻炼效果。

4. 注意控制力量练习时的动作速度。在进行力量练习时，动作还原阶段的速度应为主动用力阶段动作速度的一半。以卧推为例，如果上举动作用时 1 秒，那么还原到开始姿势就应用2秒钟。这样做可以通过一次负重练习使肌肉得到两次（上举和还原）锻炼。

5. 合理安排不同肌肉的练习顺序。为了保证大肌肉群承受适当的超量负荷及练习的安全，它们必须在小肌肉群疲劳前进行练习。

典型的力量练习顺序模式为：大腿肌肉（股四头肌）→肩部和胸部肌肉（三角肌、胸大肌）→背肌和大腿后肌群→小腿肌→肱三头肌→腹肌→肱二头肌。

三十三、应如何安排力量练习计划？

力量练习应有短期和长期目标，还应有明确的目的性，遵循渐进的基本锻炼原则最为重要。力量练习绝不能急于求成，马上看到自己锻炼效果的想法是不现实的。你应该牢记，只要有了科学的、持之以恒的锻炼过程，力量练习的结果就会随之而来。一般来说，力量练习的过程分三个阶段：开始阶段、慢速增长阶段和保持阶段。

三十四、健康与柔韧性有何关系?

柔韧性是身体健康素质的重要组成部分。它是指身体各个关节的活动幅度以及跨过关节的韧带、肌腱、肌肉、皮肤和其他组织的弹性和伸展能力。经常做伸展练习可以始终保持肌腱和韧带的弹性。

柔韧性的好坏不仅会影响我们的学习和生活，还将对我们未来的生活质量产生影响。柔韧性差意味着你缺乏运动，使关节和软组织发生变性、挛缩、甚至粘连而限制了关节的运动幅度，在学习各种动作技能时就容易出现错误动作，动作僵硬或做不到位，还容易引起肌肉和关节的损伤。

柔韧性得到充分发展后，人体关节的活动范围将明显加大，灵活性也将增强。这样就可以减少或减轻在日常生活中由于动作幅度加大、扭转过猛而产生的肌肉和关节的损伤，减轻痛苦，提高生活质量。

三十五、发展柔韧性的练习应注意什么?

柔韧性的练习要持之以恒才能收到良好的锻炼效果。青少年时期，肌肉韧带的弹性、伸展性具有较大的可塑性，在这一时期注意发展柔韧素质可以获得比较理想的效果。下面是发展身体柔韧性的基本要求：

1. 在做柔韧性练习之前一定要进行热身活动，身体感到微微出汗为宜。

2. 每周应进行 3～5 次的柔韧练习。发展柔韧性需要时间作保证，低强度、长时间和多次数是发展韧性练习的基本特征。

3. 柔韧性练习的强度应逐渐增加。肌肉、关节的伸展强度应随着肌肉和关节活动范围的逐渐增大而逐步加大，做到“增加、痛减、麻停”。

4. 要循序渐进地安排柔韧性练习的时间。在柔韧性练习的起始阶段，对每一项内容要重复 3 次，每次使肌肉和关节保持静止 10 秒钟即可。经过一段时间的练习后，重复次数和保持时间可以逐渐增加到 3 次以上和 30 秒钟。

5. 柔韧性的练习应兼顾到身体各关节、肌肉柔韧性的全面发展。

三十六、柔韧性练习应当怎样安排?

循序渐进、持之以恒是安排柔韧性练习的基本要求。此外，还需根据柔韧性发展的实际情况，在安排练习时注意每周练习的次数、每次练习的强度和重复次数。柔韧性练习的安排基本可以划分为三个阶段，即起始阶段、渐进阶段和保持阶段。

三十七、什么是人的体质?体质的内涵包括哪几个方面?

体质是指人体的质量，其内涵包括以下几个方面：

1. 身体形态发育水平：主要反映体格、体型和姿势等状况。

2. 生理机能水平：指脉搏、血压、肺活量。

3. 身体素质水平：指运动时肌肉活动所

表现的能力。

4. 基本活动能力：指走、跑、投、跳、攀登、爬越等活动能力。

5. 心理发展水平：指人的个性、意志等精神因素。

6. 适应能力：指对环境的适应能力和对疾病的抵抗能力。

三十八、体育运动对神经、心血管、呼吸和运动体系有什么作用?

对神经系统的作用：

1. 改善脑部供血状况，提高大脑皮质神经细胞的耐受力。

2. 提高神经系统反应能力和灵活性。

3. 提高人体对外界环境的适应能力和对疾病的抵抗能力。

对心血管系统的作用：

1. 促进心脏结构与机能的良性变化。

2. 促进血液数量与质量的提高。

3. 促进血管结构和机能的良性变化。

对呼吸系统的作用：

1. 促进呼吸管结构变化。

2. 提高呼吸系统的机能水平。

对运动系统的作用：

1. 改善肌肉中的血液供应情况，促进结构机能良性变化。

2. 强化肾的结构，提高肾的功能。

3. 增强关节的牢固性，提高关节的柔韧性和灵活性。

三十九、体育锻炼对心容量和心跳频率有什么影响？

一般人的心容量为 765～785 毫升，而经常参加体育锻炼的人心容量可达到 1 015～1 027毫升。心脏重量可达 400～500 克，每搏输出量增加，可达 100 毫升左右。一般人每分钟心跳频率为70～80次，而经过体育锻炼的人心跳频率约为50～60次。

四十、夏季进行体育运动应注意什么？中暑后应采取哪些急救措施？

1. 运动时间不宜过长，运动量要适当，休息次数和时间可长些，并应准备解热消暑饮料，身着浅色服装，注意选择荫凉和通风场地进行锻炼。

2. 中暑的急救措施首先是降温。轻度中暑，应将其迅速转移到荫凉处休息，喝些冷开水或服用十滴水、仁丹等，很快恢复。严重者，除采取上述措施外，应将其平卧，头部垫高，解开衣扣、腰带、冷敷头部，有条件的可用50%酒精擦身。如有昏迷，可刺激急救穴(人中、合谷等)。对于严重患者，在急救同时应迅速转送到医院进行处理。

四十一、运动中和运动后对饮水有什么要求？

参加体育锻炼的人因出汗多，需水量比一般人多，因此，必须注意水的补充，不然会造成机体缺水，影响正常生理机能活动，产生全身无力、口唇发干、精神不振和疲劳等现象。但运动中或运动后，切不可一次性大量饮水。应以少量、多次为原则。运动中饮水过多，会使胃部膨胀，妨碍膈肌活动，影响呼吸，不利于运动；大量饮水会使血液浓度稀释，血量增多，增加心脏、肾脏的负担，有碍健康。运动后也不适宜大量饮水，不然会加重心脏的负担，影响机体正常生理机能的恢复。运动时体内盐分随汗大量排出，大量饮水而不补充盐分，结果会使血液的渗透降低，破坏体内水盐代谢平衡，容易发生肌肉抽筋等现象。

四十二、锻炼中出现肌肉酸痛的原因是什么？怎样处理？

大多数是缺少锻炼或较长时间中断体育活动者再次进行一定程度的运动时，就会产生肌肉酸痛，这是一种正常的生理现象。为了减轻酸痛现象，开始运动时，运动量应小些，以后逐渐增加。如果酸痛已经发生，可适当减轻运动量，继续锻炼则酸痛现象会减轻或消失。如酸痛感很重，可采用局部热敷、按摩或用松节油揉擦等方法促进血液循环，使酸痛得到缓解。

四十三、什么叫“极点”？“极点”产生的原因是什么？

运动时人体反应的一种机能状态。进行剧烈运动时，由于开始活动阶段内脏器官惰性大，跟不上肌肉活动的需要，人体就会发生一些特殊的机能变化。如呼吸困难，心跳加快，脸色苍白，肌肉酸疼，动作迟钝和协调性降低，不想继续运动等。这种机能状态称为“极点”。这是由于氧供应不足，致使酸性物质在血液中，引起心肺活动的失调和活动功能的低落。它的出现与完成的工作强度大小有直接关系。工作强度骤然增加，极点就会出现。但经常锻炼的人“极点”会出现得晚些和短些。

四十四、怎样提高 1 分钟仰卧起坐成绩？

1 分钟仰卧起坐简单易练，易取得好成

绩。因此，90%以上的女同学都选择它为测试项目。但在测试中，仍有部分学生不能顺利完成，其主要原因在于腹肌力量差。

1. 利用课余时间做练习，每周 3 次，每次做5～7组；

2. 利用睡觉前后的时间在床上练习。在床上的练习方法如下：

（1）仰卧收腹直举双腿或两腿交换举10～20次＋仰卧收腹屈腿上举 10～20 次＋仰卧起坐 10～20 个，以克服自身体重，发展腹肌力量，每次练习3～5组。

（2）斜体仰卧起坐 10～20 次＋斜体收腹举腿左右交换各 10～20 次＋仰卧两头起10～20次，每次 3～5 组。

练习时，要求自己每组练习都要达到自己的最好成绩，以磨炼意志。随着腹肌力量的增强，练习次数也增加。

在练习过程中还要注意到两点关键问题：一是在准备姿态（平仰卧肩着垫，屈臂两手交叉抱于脑后，收腹屈膝脚着垫，大小腿成直角）中，收腹屈膝的位置要适当，也就是要掌握适合自己的身体重心位置，距离过远则造成力臂过长费力，过短又不便用力。二是在起来时（动作要求是团身收腹屈背，低头含胸成坐姿，同时双臂屈肘时前臂内收，以肘触膝完成动作周期），一定要双臂前摆与身体协调用力，这样不光用腹肌力量，还可借助身体的摆动用力，这样做更省力。

四十五、怎样提高立定跳远成绩？

立定跳远简单易练，是大学生体质健康测试的一个项目，90％以上的同学选此项。但它对身体素质差、下肢力量弱的同学也有一定难度，主要表现在起跳时爆发力和后蹬力不足，起跳后身体腾空时间过短，造成落地点近，成绩不高。此外，技术要领掌握不正确也是影响成绩的一大原因，主要表现是用力不顺畅，动作衔接欠协调。因此，掌握正确的动作要领，发展下肢力量对提高立定跳远成绩尤为重要。

正确的技术动作是：两脚自然开立，脚尖向前，大致与肩同宽，两膝微屈，身体前倾，起跳时两臂自然由前而后预摆1～2次，两腿随着屈伸。当两臂从后向前上方摆动时，两脚用前脚掌迅猛蹬地，膝关节充分蹬直，同时展体向前上方跳起，腾空时身体尽量前送，在空中成一斜线。当身体达到最高点时，屈膝收腹，小腿前伸，两臂自上而下后摆，落地时脚跟先落地；重心前移屈膝缓冲，上体前倾。具体练习方法如下：

1. 反复练习立定跳远，掌握正确的动作要领，注意用力顺序和上下肢的协调配合。

2. 在沙坑或平地上原地深蹲跳20次＋10级蛙跳＋连续跳跃高40公分的障碍（皮筋或小海绵垫）20次，每次做3～5组。

3. 负重15～20公斤杠铃（或哑铃）连续半蹲跳15～20次＋跳绳1分钟，各做3～5组。这些综合练习既发展踝关节力量和大腿力量，又发展弹跳能力。

练习一段时间后，根据需要划2米、2米1

～2 米 5 的标志线，进行有目的的反复立定跳跃练习或比赛，每次跳 10～20 次。

此外，还可以根据实际情况灵活进行练习。比如上下楼梯时用单双脚交替跳跃台阶，原地双脚纵跳连续摸高 10～20 次。效果也不错。

在做练习前做些准备活动既可保证练习效果，又可预防受伤。做跳跃练习时，练习场地要平整松软，做负重练习时，要注意动作要领和自我保护，以免发生伤害事故。

四十六、怎样提高铅球掷远成绩?

掷球不远的主要原因是上肢力量差，其次是对技术动作缺乏正确的认识。

就技术而言，应该明确持球时定要用食指、中指、无名指指根部触球，大小拇指支持于球两侧。持好球后将球放置在锁骨窝处，紧贴颈窝，尽量靠近人体中心轴，以利于稳定重心。臂要稍低于肩。以便于发挥胸大肌和背阔肌大肌肉群的力量。投掷时，一定要滑步，目的是使人体尽快摆脱静止状态，获得加速度。

对于投掷角度，一般同学都在10°～20°之间，最好的出手角度应为42°。因而在练习时投掷角要大。最后还要注意掷出时要推拨球出手，不要抛推球，造成力量分解。

对于体弱、力量不足的同学则应加大力量练习，主要手段是以负重抗阻力克服自身体重，发展身体素质和上肢力量。例如某男生身高1.65米，体重48公斤，通过每周三次练习及辅助练习，很快地通过了达标考试。

第一次，用（10～20公斤杠铃做仰卧推＋推举10～20次）×3次。小铅球推20次，发展上肢力量，改进投掷技术。

第二次，推铅球20次＋前后抛实心球或铅球各20次，发展腰腹力量及上肢力量，提高投掷能力。

第三次，连续跳举10～20公斤小杠铃10～20次＋推铅球15～20次＋双杠臂屈伸及俯卧撑各10次。

此外在校时可做双杠臂屈伸、引体向上式屈臂悬垂。在家时可利用哑铃发展小肌肉群力量加以巩固。

建议同学们推铅球之前，最好划上标志线，男生可划 7～9 米线，女生可划 5～6 米线，以便于随时掌握自己的投掷水平。

要说明的是，力量素质的锻炼在较短时间内即可取得较明显的效果，但停止锻炼后，消失得也很快，因此，力量练习要长期坚持，才能保持较好的体质，获得较好的运动成绩。

四十七、12 分钟跑的健身处方？

12 分钟跑本是运动员体能测试中评价训练水平和体能的重要指标，但由于它作为有氧代谢运动的典型锻炼活动，花费时间不长，运动量适宜且可自行掌握，近年来逐渐成为一项深受大众喜爱的健身活动。

12 分钟跑的理论根据是当人体达到最大心输出量的运动强度时，训练效果最好。其创始人美国运动医学专家肯尼斯·库珀博士认为，如果以脉搏数为指标，那么用接近极限运动时的脉搏次数（MHR）减去安静时脉搏数（RHR），然后乘以 70%，再加上安静时的脉搏数，此时的运动量最适宜。假设前者为每分钟 200 次，后者为每分钟 60 次，计算方法如下：

（MHR－RHR）×70%＋RHR

＝（200－60）×70%＋60

＝158 次/分

12 分钟跑作为动态的心脾系统健康检测手段，有 3 项指标——时间、距离和脉搏数。具体办法是按照年龄和性别分组，规定在 12 分钟内应跑出的距离，然后根据相应的健身标准评判跑步者的心肺功能。此外，在 12 分钟内尽力跑或者跑出最大距离以后 3 秒内的脉搏数应小于 180 减年龄数。只有脉搏数合格，跑出的距离才有效。这样就为科学地掌握健身的运动量、负荷度提供了监控的指标，不会产生运动过量的问题。如果 12 分钟跑检测结果可以达到“良好”级标准，说明心肺功能足以支持个人体重，也不必减肥。

进行 12 分钟跑，必须根据个人体力情况制订适宜的运动方案。测验前还须通过以下准备阶段：

1. 以步行为主，中间穿插慢跑训练 12 分钟。
2. 以慢跑为主，穿插步行 12 分钟。
3. 全部慢跑 12 分钟。
4. 按测验要求跑完 12 分钟。

最大有氧能力评定表

（单位：哩，米）

体能水准		30 以下	体能水准		30 以下
男性	Ⅰ非常差	1.0 以下 （1 600 以下）	女性	Ⅰ非常差	0.95 以下 （1 500 以下）
	Ⅱ差	1.0～1.24 （1 600～1 999）		Ⅱ差	0.95～1.14 （1 500～1 799）
	Ⅲ普通	1.25～1.49 （2 000～2 399）		Ⅲ普通	1.15～1.34 （1 800～2 199）
	Ⅳ好	1.50～1.74 （2 400～2 799）		Ⅳ好	1.35～1.64 （2 200～2 599）
	Ⅴ非常好	1.75 以上 （2 800 以上）		Ⅴ非常好	1.65 以上 （2 600 以上）

四十八、“心率130”意义是什么?

“心率130”是西方国家为提高民众体质提出来的口号。它为人们提供了一种简便易行的掌握、监控运动量的科学方法。

“心率130”也就是心脏每分钟跳动130次。它之所以被人们接受，其道理在于：

1. 人体在运动中的心率是一种易于观察掌握的生理信号，能有效地了解、监控运动强度。正常人平时的心率，男子每分钟75次左右，女子每分钟75～80次；儿童快而老人慢些；寒冷时略快于温暖时。美国心脏协会认为，人的心率在每分钟50次到100次的范围内都属正常。一般来说心率低的人更为健康。动物学也证实心率与寿命成反比。每个人安静时的心率和运动后的最高心率不尽相同，体质强的人要达到运动心率130，要进行较大运动，体质较差的人则稍加运动就能达到。所以，虽然都是达到心率130，但事实上各人运动的时间、强度、距离都大不一样。这也说明了运动负荷应因人而异。

2. 从实际运用的情况看，“心率130”是一种较为适中的运动量，对老、中、青都适合。锻炼时，心脏负荷量大大增加，心脏只能靠加快收缩频率、输送出更多的血液，才能保证肌肉运动时对营养物质的成倍需求。由此心脏功能在锻炼中得到锻炼和提高，如心肌室壁的增厚，收缩力量的增强，每搏心输出量的增加等。但是，专家研究认为，如果运动达不到一定的量，改善心脏的功能就不会有明显的效果。运动时每分钟低于100次，就几乎没有健身效果。身体健康的青年人和中年人，每分钟心率分别达到120～170次和110～140次为宜，而老年人每分钟的心率控制在100～130次为宜。可见，每分钟心率130是三个年龄组都适宜的运动量。

要想找到适宜自己身体的更为精确的心率，可以通过计算最大心率（220－年龄）×70％来得到。

四十九、暑假怎样锻炼?

暑假里大学生如何有效地利用这段宝贵时间，使身心充分地“充电”，以饱满的精神和身体状态迎接新学期呢？就是要多进行体育锻炼。

那么，选择什么样的锻炼项目呢？暑假天热，游泳是最理想的体育活动，游泳既可促进心肺功能，又能增强肌肉（特别是上肢肌肉和胸部肌肉）力量，这对正处于发育成长阶段的大学生塑造良好体型和健美身材作用很大。但是，初学游泳者一定要注意安全，要在教练的监督下练习，不可单独到湖泊和河海里游泳，否则容易发生危险。

身材瘦小且不具备游泳条件的学生，不妨因地制宜，进行田径锻炼，多做一些中长跑练习。这种锻炼同样能增强心肺功能，改善身体，很适合长期在校伏案写字导致体力下降、体型不佳的大学生。跑步锻炼时，应以中小强度为主，以避免疲劳堆积或因天热中暑。

球类也是很好的运动项目，篮、排、足、乒乓球、羽毛球、网球都是很好的选择。

体育锻炼的项目很多，作用、效果各有不同，大学生可根据个人爱好和具体情况来选择。

体育锻炼要注意科学，否则容易造成伤害。以下几点请大家注意：

1. 做好准备活动。不管进行哪种运动，锻炼前一定要做好准备活动，先把手、脚、腰、胯、颈等活动幅度较大部位的关节活动开。可先慢跑，然后原地做一些体操，随后进行专门的关节活动。这些内容完毕之后，还要做一点柔韧性练习，把身体各部位的肌肉、韧带都拉一拉。

游泳前应多做准备活动，否则，容易出现水中抽筋现象，酿成危险。跑步前特别要把踝关节活动开，避免脚腕扭伤。球类属于复杂运动，经常有发力动作和对抗活动，如果准备活动不充分，稍有不慎，就会扭伤。

2. 中等运动强度。没有一定的运动强度，锻炼时间再长也不会有效果，因此，锻炼者必须保持一定的运动强度。所谓强度，就是单位时间里活动量和频率的大小。

3. 注意休息。体育锻炼过程中要消耗大量的能量，消耗掉的能量需要及时补充，否则，身体就会出现疾病，最突出的是免疫能力下降。补充能量除增加营养外，还必须保证基本的休息时间，一般说来，每天应保证 8～9 小时睡眠时间。

4. 补充水分、矿物质和维生素。运动时会出汗，出汗太多会引起体内电解质的不平衡。电解质就是体内必需的基本元素，如钠、钾、钙、铜等等。出汗会导致体内缺水，神经传导及新陈代谢都会受到影响。因此，运动后要注意补充水分和基本的矿物质，最好喝一些盐水。如果条件允许，可以在食物和饮料中增加维生素，它在维护神经系统的正常功能方面有着重要作用。

五十、女性脂肪的作用有哪些？

脂肪是人体的重要组成部分，是不可缺少的营养物质之一。没有脂肪，思维功能、月经周、性功能及其他生理功能都会受到严重影响。女同学正处于青春期，第二性征逐渐明显，脂肪在其中起着必不可少的作用。但许多女同学以纤瘦为美，节食、挑食，久而久之，发生营养障碍，破坏了体内雌性激素的分泌，使身体的健康与正常发育受到严重损害。那么，青春期女同学如何做到既正常发育又防止发胖呢？

首先要科学饮食。应对容易导致发胖的高糖、高脂类食品，如甜食、冰淇淋等加以节制，以豆制品、蔬菜、水果等碳水化合物为主要食品，荤素搭配。这些食品不仅含有丰富的纤维素，可加快食物的吸收、排泄速度，保持胰岛素含量的稳定，而且可以减少脂肪的吸收，防止出现饥饿感。这样既能满足身体对蛋白质、矿物质、维生素的需要，又可预防肥胖。

其次要经常参加体育锻炼。东方女性大多属于身长腿短一类。女同学正处于在校学习阶段，坐多动少，体内脂肪更易聚在腰臀、大腿等部位，使臀部下垂、腿变得更短。因此应加强体育锻炼。适合女同学的体育项目很多，如跑步、爬山、游泳、跳绳、各种球类、骑自行车、健身操等。肌肉是体型的基础，女子体型的改变也是体内肌肉和脂肪比例的改变。女同学可以通过小哑铃、小杠铃及各种器械来达到这种“质变”。有的女孩子担心练出男性化的肌肉，这种担心是不必要的，因为女性分泌以雌激素为主，而迅速增大肌肉是靠雄性激素，所以正常情况下，女性是不会练成男性化肌肉的。

俗话说“女大十八变，越变越好看”，这反映出脂肪在女同学发育过程中起着特殊的美容作用，只要从以上两方面着手，脂肪就能成为少女的健美之友，使身体既健康又具有女性的形态美。

五十一、如何使双腿健美?

曲线优美的双腿，可大大增加女性的美丽。所以女性朋友都非常重视自己的腿部形态，过于粗壮或过于纤细都会给人带来烦恼。健美的双腿应该是由腰到腿逐渐变细，膝关节部位挺直韧性好，小腿肌肉坚实有弹性，粗细适中，抬高时整条腿显示优美而修长的曲线美。

腿的粗细是由腿部的肌肉体积大小和脂肪多少决定的。肌肉由无数肌纤维组成，肌纤维主要分成快肌纤维和慢肌纤维。快速力量性的锻炼，如短跑、举重等，主要是快肌纤维工作，使肌纤维的横断面增粗，使肌肉变得发达、强壮，所以建议腿粗者千万不要再做器械负重蹬腿及速度快、强度大的跑跳运动和芭蕾舞练习中的单纯腿部力量练习，而应进行中等运动强度和时间较长的健身操练习以及游泳、长跑等耐力性运动，这些运动主要是慢肌纤维参加工作。由于慢肌纤维周围毛细血管丰富，氧化脂肪能力较强，收缩时能消耗较多的脂肪，所以能使腿部形态修长而有力。

还需特别提醒的是，应避免做影响关节的剧烈运动，如剧烈过量的跳跃动作，它们会使双腿受伤以至关节变形。每次运动后，都要认真做腿部的伸展动作。主要的伸展部位是大腿前肌四头肌、小腿三头肌及跟腱，大腿后股二头肌及臀部肌群。

双腿过细的女性朋友则应做些腿部力量练习，在平时看电视或闲坐时，不妨做些双腿勾绷活动及双腿屈伸动作，很有好处。

另外，除了锻炼以外，还应注意平时站立的姿态。除昂首挺胸外，膝关节尽量伸直，使腿部肌肉紧张些，否则腿部也容易松弛粗胖。

五十二、怎样预防肥胖?

近年来，都市里肥胖的人群逐渐扩大。肥胖的身体不仅对人的生活、工作造成不良影响，对健康也会造成威胁。肥胖主要是由摄入的食物能量长期超过身体消耗造成脂肪在体内堆积、运动过少和不良行为习惯造成的。预防肥胖应从这三方面着手：

1. 晚饭少吃，站着看电视

一般家庭的晚饭是比较丰盛的，而吃完晚饭坐在沙发上看电视，看过电视接着上床就寝成为不少都市人的习惯。这无疑会造成脂肪在体内堆积，久而久之造成身体肥胖。因此，晚餐不宜多吃，少而精为好。此外，晚饭后不妨站着看半小时电视，这样，既有利于消化，同时可减少脂肪在体内堆积。

2. 以步代车多运动

出门坐汽车，上楼乘电梯，运动过少是造成一些都市人肥胖的另一原因。其实，以步代车、骑自行车、慢跑、慢步、爬楼梯都是很好的有氧运动，也是预防肥胖的有效方法。奉劝都市人不妨以步代车多运动，不仅可以减肥，而且有利于健康。

3. 养成良好的身体基本姿态

“站如松，坐如钟，行如风”，古人已将正确的人体基本姿态形象地描绘出来。正确的站、坐、行，不仅有利于人们身体健康，有助于青少年正常发育，而且对保持健美的身材有很好帮助，抬头、挺胸、收腹是基本姿态的三大要素。良好的基本姿态，不仅给人以健康的形象，也有利于肌肉的收紧，可预防身体发胖。

五十三、腰腹部如何减肥？

男子的多余体脂大多存储于腹部，女子大多在腹臀及下肢。不论男女，大量存储在腹部的脂肪对健康的危害很大，因为腹部脂肪细胞能将脂肪直接送入肝循环，影响肝的功能。从美观角度来说，腰腹肥大也实在“有碍观瞻”。那么腰腹部如何减肥呢？请从以下两个方面着手。

1. 饮食方面

（1）少油、少盐、少糖（肥肉、动物内脏、油炸食品、奶油、甜点等都要限制摄入）。

（2）常吃粗粮。全麦、玉米等热量低、易有饱感。

（3）保证蛋白质的摄入（蛋白质包括动物性蛋白质和植物性蛋白质，前者来自鱼、瘦肉等，后者来自豆类及豆制品）。

（4）多吃蔬菜、水果。吃时要掌握一个原则，能生吃的就不熟吃，能不过油的就不过油。

（5）晚餐一定要少吃。

（6）吃饭要慢。这不仅利于消化，还能在同样饱的情况下减少食物摄入量。

2. 运动方面

（1）在下午 4～8 时做健身操运动，每次运动时间为 30～90 分钟。此时人体处于最佳状态，产热量最高，易达到健美减肥运动时能量代谢成倍增长的要求。适宜的运动强度为（220－年龄）×60％：每分钟心率。也就是说减肥运动中小强度持续时间较长为宜，不是越吃力的运动减肥效果越好。

（2）每周 3～5 次有氧健身操，每次至少 30 分钟不间断。

（3）每周进行三四次腰腹肌肉练习。上、下腹部各 2 组共 4 组，每组重复做 20 次以上，逐渐多做一些。腰部做上体向后扭转动作，先

试着做 50 次，以后逐渐增加次数。

（4）腰腹肌练习完成后，还要做腰腹肌左、右、后三个方向的伸展动作。伸展到位后要静止 5～10 秒钟，这样有助于局部肌肉的形态、伸展度、减脂和恢复。

五十四、如何消除“豆腐肉”？

在授课过程中，不少学生说：“我的手臂又粗又松，尤其是上臂像‘凉粉’一样，一动就颤个不停，真是丑死了。”她们所说的就是肱三头肌。它的主要机能是伸前臂。在日常生活中我们用得最多的是屈前臂，也就是肱二头肌在起作用，而后伸前臂的动作却做得很少，所以造成肱三头肌肉缺乏锻炼、脂肪堆积，形成松弛的“豆腐肉”。这里我们介绍几种用哑铃来加强肱三头肌力量的方法：

1. 右手握铃上举，左手在后握住上臂中部，右手慢慢在头颈后做前臂屈伸，反复 20 次左右。换左手握哑铃重复动作。共做 3 组（也可双手握哑铃来做）。

2. 右手握铃下垂，左手在体后控制右上臂尽量向后伸并保持不动，右前臂做屈伸动作，反复20次左右。换左手握哑铃重复动作，共做3组。

3. 双手握铃屈臂收在腰间，交替向前冲拳。左、右手各20次，共做3组。

4，双手握铃自然下垂，交替向前屈交臂，上臂夹紧躯干，注意要慢起慢落，左、右手各20次，共做3组。

5. 双手握铃屈臂腰间，双臂尽量夹紧躯干向后做伸拉动作。共20次，做3组。

如果没有哑铃，可用其他有一定重量的物体来代替。次数一定要做够，才能“燃烧”多余的脂肪，如做时很吃力，可减轻哑铃重量，循序渐进。另外，做时要注意安全。

还可通过徒手方式完成上述动作，次数相应增多。俯卧推起、俯卧撑也有很好的效果，如果开始撑不起来，可采取跪卧撑的形式。

以上练习每星期坚持3次，隔天练习一次，一定会收到很好的效果。

第四章　体育锻炼的误区与正确认识

一、我的身体感觉很好，没有必要进行体质健康标准的测试。

这是一种较为普遍的错误认识。体内脂肪含量超标、心血管系统机能下降等都是威胁人类健康的隐形“杀手”，只有通过测试才能够暴露出来。虽然没有理由对你的感觉表示怀疑，但体质健康标准的测试可以对你的健康状况进行早期预告，你可根据预报的结果采取相应的措施，以促进健康。此外，你在锻炼身体之前进行过体质健康标准的测试吗？盲目地锻炼不仅容易导致运动损伤，甚至还可能起到相反的作用。

二、体质耐力测验既痛苦又非常危险。

安全性原则是测试工作的首要原则。体质健康测试指标及方法的选择，在安全因素方面都经过了反复的论证。对于没有心血管疾病的大学生来说，进行耐力跑等测试是有安全保证的。经常参加体育锻炼可以帮助你轻松地完成这项测试。

三、体质健康标准测试的目的就是要得高分吗？

体质健康标准测试的目的是要促进学生进行体育锻炼，提高体质健康水平。测试的结果反映了你现实的体质健康状况及其提高或下降的程度，它可作为安排锻炼计划的依据。

四、体质健康状况的好坏仅仅是个人的事，与其他人没有关系。

发展和保持良好的体质健康状况，不仅是你的权利，也是你的义务；你不仅应对自己负责，还需要对家庭、社会乃至整个中华民族负责。

五、身体健康素质提高了，我好像没有发生什么变化。

如果你的身体健康素质提高了，你的自我感觉就会发生变化，更加自尊和自信了，对未来更加充满信心。身体健康素质的提高给你带来的益处不仅仅表现在你的体能上，它还表现在你的心理和精神方面。

六、在发展有氧耐力的锻炼中，增加1倍的练习强度就可以减少1/2的练习时间。

短时间高强度的练习，可以发展和提高无氧代谢能力，而不是有氧代谢能力和身体健康素质，这两者不能互相替代。提高心血管系统的机能没有捷径可走。

七、不论什么运动都可以健身，运动强度越大越有利于提高身体健康素质。

要有效地提高身体健康素质，一定要按照

科学的方法进行锻炼，符合 FIT 的原则。如果严重超出 FIT 监控原则所要求的次数、强度和时间，可导致运动损伤危险因素的增加。运动量和强度过大的运动可能有助于提高某项运动能力，但对于健康来说则是“双刃剑”，可能促进健康也可能损害健康。

八、青少年在进行有氧锻炼前，进行关节、肌肉的伸拉练习并不重要。

无论你的年龄多大，柔韧性都会使肌肉的工作效率增加。运动前做好肌肉的伸拉练习，运动时关节和肌肉的活动幅度就大，锻炼效果就好。这样做还可以推迟疲劳的出现，预防运动损伤，减轻运动后肌肉的疼痛，保持良好的身体姿势，减少腰背痛。

九、要提高心血管系统的机能水平，必须每天都锻炼。

在开始锻炼时，你没有必要每天都安排锻炼，每天锻炼就会增加发生运动损伤的危险，最好的安排是隔天锻炼，让身体有足够的时间恢复。当你的心血管系统的机能达到一定的水平后，你可以每天锻炼，因为通过较长时间的锻炼后，致伤的危险因素已经大大降低。

十、作为锻炼有氧耐力的手段，慢跑比走要好。

对于发展有氧耐力，健身走和其他锻炼手段一样都能获得理想的效果。所不同的是，为了同其他运动获得同样的效果，你需要走更长的距离、花更多的时间。

十一、跑步练习会引发各种运动损伤。

如果你遵守锻炼的基本原则，运动损伤是完全可以预防的。如选择适宜的运动鞋、运动强度不要超出靶心率的范围等。

十二、体育锻炼后尿的颜色加深表明身体有病。

有人在剧烈运动后发现尿的颜色变深，于

是吓得不敢继续锻炼，认为有病了。正常情况下，尿呈淡黄色。运动后，体内物质代谢增强，代谢产物随尿排出量也增多，加之剧烈运动中大量出汗，体内水分流失较多，此时尿量减少，尿液颜色加深。运动后经过休息和补水，尿液又会恢复到平常的颜色。这是正常的生理现象，对人体无妨。

十三、我的心血管系统机能水平已经“达标”，没有必要再进行练习了。

每个人都可以从经常性的运动中受益，锻炼和测试绝不是专为还没有“达标”的同学准备的。锻炼不仅可以保持你目前良好的身体健康素质，还能进一步强化你社会、心理、情感和精神方面的健康。

十四、力量练习将使女孩男性化。

女性要获得像男性一样粗壮的肌肉，每周仅进行 2～3 次的力量练习是不可能的。采用低重量多重复次数的练习方式，能够使女性获得更加优美的身材。

十五、力量练习可以使脂肪转变为肌肉。

脂肪和肌肉是两种不同的组织，它们不能够相互转变。当你消耗热量比摄取热量多时，脂肪细胞就会皱缩，体积减小。力量练习可使肌肉组织的体积增加，体重下降，皮肤更加健康。

十六、仰卧起坐是消除腹部脂肪最有效的练习方法。

虽然仰卧起坐、仰卧举腿等能够消除腹部脂肪，但它们远比不上减少摄取热量的功效。减少热量摄取可导致腹部脂肪细胞皱缩。做仰卧起坐引起的腹部脂肪减少，其功劳不在于这种运动方式，而在于运动时的热量消耗。

十七、腹部力量练习后，如不感到肚皮疼痛就没有效果。

练习后肚皮不感到疼痛依然能够增加你腹肌的力量和耐力。肚皮疼痛是一个有用的信号，它告诉你不要过度练习，应适当控制运动量。

十八、力量练习往往令人失望，一旦停止练习，肌肉就会变为脂肪。

同前面所说的道理一样，脂肪不能转变为肌肉，肌肉也不会转变为脂肪。停止力量练习后，肌肉组织将渐渐萎缩，脂肪细胞则不断膨胀。

十九、女性做力量练习不同于男性能够较快地取得效果。

男女的肌肉组织在质量和产生力的方面是完全相同的。如果男女进行重量、次数、组数相同的力量练习，他们肌肉组织所获得的生理效应是相似的。

二十、女性进行力量练习后增长肌肉会影响苗条的身材。

同样重量的脂肪和肌肉，脂肪的体积却是肌肉的 5 倍。如果说肌肉的增长会影响身材的话，那么 5 倍大的脂肪会比肌肉好看吗？相反，肌肉的发展可增加皮肤的弹性，改变女性胸部、腹部的松垂状态，会使身材更好。

二十一、力量练习消耗的热量不多，对降低体重的作用不大。

肌肉组织的增多除了在安静状态下可以增加热量的消耗以外，力量练习本身所消耗的热量也是很可观的。如，进行1小时至少8块大肌肉群参与的力量练习，各肌肉群分别练习3组，就可以消耗500千卡的热量。这样的练习进行5次就可以消耗大约0.4～0.5千克的脂肪。

二十二、在进行力量练习时，练什么部位就可以减少什么部位的脂肪。

遗传和激素决定了脂肪在身体内聚集的部位。力量练习可以减少体内的脂肪，但它首先减少的是身体最新增加的脂肪，而不是练习部位的脂肪。当热量消耗到一定程度时，练习部位的脂肪也会随之减少。

二十三、肌肉的伸展练习是最好的准备活动内容。

肌肉的伸展练习只是准备活动的一个组成部分。为了防止损伤和肌肉疼痛，在做肌肉的伸展练习前，一定要进行大肌肉群参与的运动5～10分钟，如走或慢跑，使身体微微出汗。当体温升高后才可进行肌肉的伸展练习。

二十四、只有在剧烈的运动前才需要进行肌肉的伸展练习。

无论进行任何体育锻炼前都必须进行包括肌肉伸展练习在内的准备活动。肌肉的伸展练习还是运动后整理活动的重要组成部分，特别是在力量练习后，一定要做好肌肉的伸展练习，减轻运动后所产生的肌肉疼痛。

二十五、柔韧性越大越好。

柔韧性越大关节的稳固性就越小，过度的柔韧性有时会因为关节稳固性的下降而引起损伤。可以采用发展肌肉力量的方法来弥补因韧带松弛而导致的关节稳固性下降。

二十六、力量练习会使柔韧性下降。

肌肉组织的增加与柔韧性的下降毫无因果关系，但是不科学的力量练习的确会导致柔韧性的下降。只要在力量练习时，使关节在其运动能够达到的范围内都得到负重锻炼，就可以解决力量练习和发展柔韧性的矛盾。此外，力量练习后必须做肌肉的伸展练习，防止出现软组织挛缩而影响柔韧性。

二十七、年龄的增长是导致柔韧性下降的主要因素。

柔韧性的下降与缺乏锻炼有关，而年龄的增长并非起着决定作用。随着年龄的增长，人体的柔性逐渐减小，韧性不断增强，这是人体生长的自然规律。年龄大的人发展柔韧性要比儿童困难得多，但是如果坚持锻炼，仍然可以保持较高的柔韧性，坚持锻炼是发展和保持柔韧性的决定因素。

附　录

附表1　大学男生身高标准体重(体重单位:公斤)

身高段(厘米)	营养不良	较低体重	正常体重	超重	肥胖
	50分	60分	100分	60分	50分
144.0~144.9	<41.5	41.5~46.3	46.4~51.9	52.0~53.7	>=53.8
145.0~145.9	<41.8	41.8~46.7	46.8~52.6	52.7~54.5	>=54.6
146.0~146.9	<42.1	42.1~47.1	47.2~53.1	53.2~55.1	>=55.2
147.0~147.9	<42.4	42.4~47.5	47.6~53.7	53.8~55.7	>=55.8
148.0~148.9	<42.6	42.6~47.9	48.0~54.2	54.3~56.3	>=56.4
149.0~149.9	<42.9	42.9~48.3	48.4~54.8	54.9~56.6	>=56.7
150.0~150.9	<43.2	43.2~48.8	48.9~55.4	55.5~57.6	>=57.7
151.0~151.9	<43.5	43.5~49.2	49.3~56.0	56.1~58.2	>=58.3
152.0~152.9	<43.9	43.9~49.7	49.8~56.5	56.6~58.7	>=58.8
153.0~153.9	<44.2	44.2~50.1	50.2~57.0	57.1~59.3	>=59.4
154.0~154.9	<44.7	44.7~50.6	50.7~57.5	57.6~59.8	>=59.9
155.0~155.9	<45.2	45.2~51.1	51.2~58.0	58.1~60.7	>=60.8

（续表）

身高段(厘米)	营养不良	较低体重	正常体重	超重	肥胖
	50 分	60 分	100 分	60 分	50 分
156.0～156.9	<45.6	45.6～51.6	51.7～58.7	58.8～61.0	>=61.1
157.0～157.9	<46.1	46.1～52.1	52.2～59.2	59.3～61.5	>=61.6
158.0～158.9	<46.6	46.6～52.6	52.7～59.8	59.9～62.2	>=62.3
159.0～159.9	<46.9	46.9～53.1	53.2～60.3	60.4～62.7	>=62.8
160.0～160.9	<47.4	47.4～53.6	53.7～60.9	61.0～63.4	>=63.5
161.0～161.9	<48.1	48.1～54.3	54.4～61.6	61.7～64.1	>=64.2
162.0～162.9	<48.5	48.5～54.8	54.9～62.2	62.3～64.8	>=64.9
163.0～163.9	<49.0	49.0～55.3	55.4～62.8	62.9～65.3	>=65.4
164.0～164.9	<49.5	49.5～55.9	56.0～63.4	63.5～65.9	>=66.0
165.0～165.9	<49.9	49.9～56.4	56.5～64.1	64.2～66.6	>=66.7
166.0～166.9	<50.4	50.4～56.9	57.0～64.6	64.7～67.0	>=67.1
167.0～167.9	<50.8	50.8～57.3	57.4～65.0	65.1～67.5	>=67.6
168.0～168.9	<51.1	51.1～57.7	57.8～65.5	65.6～68.1	>=68.2
169.0～169.9	<51.6	51.6～58.2	58.3～66.0	66.1～68.6	>=68.7
170.0～170.9	<52.1	52.1～58.7	58.8～66.5	66.6～69.1	>=69.2

（续表）

身高段(厘米)	营养不良	较低体重	正常体重	超重	肥胖
	50 分	60 分	100 分	60 分	50 分
171.0～171.9	<52.5	52.5～59.2	59.3～67.2	67.3～69.8	>=69.9
172.0～172.9	<53.0	53.0～59.8	59.9～67.8	67.9～70.4	>=70.5
173.0～173.9	<53.5	53.5～60.3	60.4～68.4	68.5～71.1	>=71.2
174.0～174.9	<53.8	53.8～61.0	61.1～69.3	69.4～72.0	>=72.1
175.0～175.9	<54.5	54.5～61.5	61.6～69.9	70.0～72.7	>=72.8
176.0～176.9	<55.3	55.3～62.2	62.3～70.9	71.0～73.8	>=73.9
177.0～177.9	<55.8	55.8～62.7	62.8～71.6	71.7～74.5	>=74.6
178.0～178.9	<56.2	56.2～63.3	63.4～72.3	72.4～75.3	>=75.4
179.0～179.9	<56.7	56.7～63.8	63.9～72.8	72.9～75.8	>=75.9
180.0～180.9	<57.1	57.1～64.3	64.4～73.5	73.6～76.5	>=76.6
181.0～181.9	<57.7	57.7～64.9	65.0～74.2	74.3～77.3	>=77.4
182.0～182.9	<58.2	58.2～65.6	65.7～74.9	75.0～77.8	>=77.9
183.0～183.9	<58.8	58.8～66.2	66.3～75.7	75.8～78.8	>=78.9
184.0～184.9	<59.3	59.3～66.8	66.9～76.3	76.4～79.4	>=79.5
185.0～185.9	<59.9	59.9～67.4	67.5～77.0	77.1～80.2	>=80.3

（续表）

身高段(厘米)	营养不良	较低体重	正常体重	超重	肥胖
	50 分	60 分	100 分	60 分	50 分
186.0～186.9	<60.4	60.4～68.1	68.2～77.8	77.9～81.1	>=81.2
187.0～187.9	<60.9	60.9～68.7	68.8～78.6	78.7～81.9	>=82.0
188.0～188.9	<61.4	61.4～69.2	69.3～79.3	79.4～82.6	>=82.7
189.0～189.9	<61.8	61.8～69.8	69.9～79.9	80.0～83.2	>=83.3
190.0～190.9	<62.4	62.4～70.4	74.5～80.5	80.6～83.6	>=83.7

注：身高低于表中所列出的最低身高段的下限值时，身高每低 1 厘米，实测体重需加上 0.5 千克，实测身高需加上 1 厘米，再查表确定分值。

身高高于表中所列出的最高身高段时，身高每高 1 厘米，其实测体需减去 0.9 千克，实测身高需减去 1 厘米，再查表确定分值。

附表 2　大学女生身高标准体重(体重单位:公斤)

身高段(厘米)	营养不良	较低体重	正常体重	超重	肥胖
	50 分	60 分	100 分	60 分	50 分
140.0～140.9	<36.1	36.5～42.4	42.5～50.6	50.7～53.3	>=53.4
141.0～141.9	<36.6	36.6～42.9	43.0～51.3	51.4～54.1	>=54.2
142.0～142.9	<36.8	36.8～43.2	43.3～51.9	52.0～54.7	>=54.8
143.0～143.9	<37.0	37.0～43.5	43.6～52.3	52.4～55.2	>=55.3
144.0～144.9	<37.2	37.2～43.7	43.8～52.7	52.8～55.6	>=55.7
145.0～145.9	<37.5	37.5～44.0	44.1～53.1	53.2～56.1	>=56.2
146.0～146.9	<37.9	37.9～44.4	44.5～53.7	53.8～56.7	>=56.8
147.0～147.9	<38.5	38.5～45.0	45.1～54.3	54.4～57.3	>=57.4
148.0～148.9	<39.1	39.1～45.7	45.8～55.0	55.1～58.0	>=58.1
149.0～149.9	<39.5	39.5～46.2	46.3～55.6	55.7～58.7	>=58.8
150.0～150.9	<39.9	39.9～46.6	46.7～56.2	56.3～59.3	>=59.4
151.0～151.9	<40.3	40.3～47.1	47.2～56.7	56.8～59.8	>=59.9
152.0～152.9	<40.8	40.8～47.6	47.7～57.4	57.5～60.5	>=60.6
153.0～153.9	<41.4	41.4～48.2	48.3～57.9	58.0～61.1	>=61.2

（续表）

身高段(厘米)	营养不良	较低体重	正常体重	超重	肥胖
	50分	60分	100分	60分	50分
154.0～154.9	＜41.9	41.9～48.8	48.9～58.6	58.7～61.9	＞＝62.0
155.0～155.9	＜42.3	42.3～49.1	49.2～59.1	59.2～62.4	＞＝62.5
156.0～156.9	＜42.9	42.9～49.7	49.8～59.7	59.8～63.0	＞＝63.1
157.0～157.9	＜43.5	43.5～50.3	50.4～60.4	60.5～63.6	＞＝63.7
158.0～158.9	＜44.0	44.0～50.8	50.9～61.2	61.3～64.5	＞＝64.6
159.0～159.9	＜44.5	44.5～51.4	51.5～61.7	61.8～65.1	＞＝65.2
160.0～160.9	＜45.0	45.0～52.1	52.2～62.3	62.4～65.6	＞＝65.7
161.0～161.9	＜45.4	45.4～52.5	52.6～62.8	62.9～66.2	＞＝66.3
162.0～162.9	＜45.9	45.9～53.1	53.2～63.4	63.5～66.8	＞＝66.9
163.0～163.9	＜46.4	46.4～53.6	53.7～63.9	64.0～67.3	＞＝67.4
164.0～164.9	＜46.8	46.8～54.2	54.3～64.5	64.6～67.9	＞＝68.0
165.0～165.9	＜47.4	47.4～54.8	54.9～65.0	65.1～68.3	＞＝68.4
166.0～166.9	＜48.0	48.0～55.4	55.5～65.5	65.6～68.9	＞＝69.0
167.0～167.9	＜48.5	48.5～56.0	56.1～66.2	66.3～69.5	＞＝69.6
168.0～168.9	＜49.0	49.0～56.4	56.5～66.7	66.8～70.1	＞＝70.2

（续表）

身高段(厘米)	营养不良	较低体重	正常体重	超重	肥胖
	50 分	60 分	100 分	60 分	50 分
169.0～169.9	<49.4	49.4～56.8	56.9～67.3	67.4～70.7	>=70.8
170.0～170.9	<49.9	49.9～57.3	57.4～67.9	68.0～71.4	>=71.5
171.0～171.9	<50.2	50.2～57.8	57.9～68.5	68.6～72.1	>=72.2
172.0～172.9	<50.7	50.7～58.4	58.5～69.1	69.2～72.7	>=72.8
173.0～173.9	<51.0	51.0～58.8	58.9～69.6	69.7～73.1	>=73.2
174.0～174.9	<51.3	51.3～59.3	59.4～70.2	70.3～73.6	>=73.7
175.0～175.9	<51.9	51.9～59.9	60.0～70.8	70.9～74.4	>=74.5
176.0～176.9	<52.4	52.4～60.4	60.5～71.5	71.6～75.1	>=75.2
177.0～177.9	<55.8	52.8～61.0	61.1～72.1	72.2～75.7	>=75.8
178.0～178.9	<53.2	53.2～61.5	61.6～72.6	72.7～76.2	>=76.3
179.0～179.9	<53.6	53.6～62.0	62.1～73.2	73.3～76.7	>=76.8
180.0～180.9	<54.1	54.1～62.5	62.6～73.7	73.8～77.0	>=77.1
181.0～181.9	<54.5	54.5～63.1	63.2～74.3	74.4～77.8	>=77.9
182.0～182.9	<55.1	55.1～63.8	63.9～75.0	75.1～79.4	>=79.5
183.0～183.9	<55.6	55.6～64.5	64.6～75.7	75.8～80.4	>=80.5

（续表）

身高段(厘米)	营养不良	较低体重	正常体重	超重	肥胖
	50 分	60 分	100 分	60 分	50 分
184.0～184.9	<56.1	56.1～65.3	65.4～76.6	76.7～81.2	>=81.3
185.0～185.9	<56.8	56.8～66.1	66.2～77.5	77.6～82.4	>=82.5
186.0～186.9	<57.3	57.3～66.9	67.0～78.6	78.7～83.3	>=83.4

注:身高低于表中所列出的最低身高段的下限值时,身高每低 1 厘米,实测体重需加上 0.5 千克,实测身高需加上 1 厘米,再查表确定分值。

身高高于表中所列出的最高身高段时,身高每高 1 厘米,其实测体需减去 0.9 千克,实测身高需减去 1 厘米,再查表确定分值。

附表3　大学男生评分标准

等级	单项得分	肺活量体重指数	1000米跑（分·秒）	台阶试验	50米跑（秒）	立定跳远（米）	掷实心球（米）	握力体重指数	引体向上（次）	坐位体前屈（厘米）	跳绳（次/1分钟）	篮球运球（秒）	足球运球（秒）	排球垫球（次）	单项得分
优秀	100	84	3′27″	82	6.0	2.66	15.7	92	26	23.0	198	8.6	6.3	50	100
	98	83	3′28″	80	6.1	2.65	15.2	91	25	22.6	193	9.0	6.5	49	98
	96	82	3′31″	77	6.2	2.63	14.4	90	24	22.0	186	9.6	6.9	46	96
	94	81	3′33″	74	6.3	2.62	13.6	89	23	21.4	178	10.3	7.3	44	94
	92	80	3′35″	71	6.4	2.60	12.5	87	22	20.6	168	11.1	7.7	41	92
	90	78	3′39″	67	6.5	2.58	11.5	86	21	19.8	158	12.0	8.2	38	90
良好	87	77	3′42″	65	6.6	2.56	11.3	84	20	18.9	152	12.4	8.5	37	87
	84	75	3′45″	63	6.8	2.52	10.9	81	19	17.7	144	12.9	8.9	34	84
	81	73	3′49″	60	7.0	2.48	10.5	79	18	16.2	136	13.5	9.3	32	81
	78	71	3′53″	57	7.3	2.43	10.0	75	17	14.3	124	14.3	9.9	29	78
	75	68	3′58″	53	7.5	2.38	9.5	72	16	12.5	113	15.0	10.4	26	75

（续表）

等级	单项得分	肺活量体重指数	1000米跑（分·秒）	台阶试验	50米跑（秒）	立定跳远（米）	掷实心球（米）	握力体重指数	引体向上（次）	坐位体前屈（厘米）	跳绳（次/1分钟）	篮球运球（秒）	足球运球（秒）	排球垫球（次）	单项得分
及格	72	66	4′05″	52	7.6	2.35	9.3	70	15	11.3	108	15.6	10.7	25	72
	69	64	4′12″	51	7.7	2.31	8.9	66	14	9.5	101	16.6	11.2	23	69
	66	61	4′19″	50	7.8	2.26	8.5	63	13	7.8	94	17.5	11.7	21	66
	63	58	4′26″	48	8.0	2.20	8.0	59	12	5.4	85	18.8	12.3	18	63
	60	55	4′33″	46	8.1	2.14	7.5	54	11	3.0	75	20.0	12.9	15	60
不及格	50	54	4′40″	45	8.2	2.12	7.3	53	9	2.4	71	20.6	13.3	14	50
	40	52	4′47″	44	8.3	2.09	7.0	51	8	1.4	64	21.6	13.8	12	40
	30	51	4′54″	43	8.5	2.06	6.7	49	7	0.5	58	22.5	14.3	10	30
	20	49	5′01″	42	8.6	2.03	6.2	47	6	−0.8	49	23.8	15.0	8	20
	10	47	5′08″	40	8.8	1.99	5.8	44	5	−2.0	40	25.0	15.7	5	10

附表 4　大学女生评分标准

等级	单项得分	肺活量体重指数	1000米跑（分·秒）	台阶试验	50米跑（秒）	立定跳远（米）	掷实心球（米）	握力体重指数	引体向上（次）	坐位体前屈（厘米）	跳绳（次/1分钟）	篮球运球（秒）	足球运球（秒）	排球垫球（次）	单项得分
优秀	100	70	3′24″	78	7.2	2.07	8.6	74	52	21.1	190	11.2	7.3	46	100
	98	69	3′27″	75	7.3	2.06	8.5	73	51	20.8	184	11.5	7.8	44	98
	96	68	3′29″	72	7.4	2.05	8.4	72	50	20.3	175	12.0	8.6	41	96
	94	67	3′32″	69	7.5	2.03	8.2	71	49	19.8	166	12.6	9.4	38	94
	92	65	3′35″	64	7.7	2.01	8.0	69	47	19.2	154	13.3	10.5	34	92
	90	64	3′38″	60	7.8	1.99	7.8	67	45	18.6	142	14.0	11.5	30	90
良好	87	63	3′42″	59	7.9	1.97	7.7	66	44	17.7	137	14.6	11.9	29	87
	84	61	3′46″	57	8.1	1.93	7.6	63	43	16.3	130	15.6	12.5	27	84
	81	59	3′50″	55	8.2	1.89	7.5	61	42	15.0	122	16.5	13.2	25	81
	78	57	3′54″	52	8.3	1.84	7.4	58	40	13.1	112	17.8	14.0	23	78
	75	54	3′58″	49	8.5	1.79	7.2	55	38	11.3	102	19.0	14.9	20	75

（续表）

等级	单项得分	肺活量体重指数	1000米跑（分·秒）	台阶试验	50米跑（秒）	立定跳远（米）	掷实心球（米）	握力体重指数	引体向上（次）	坐位体前屈（厘米）	跳绳（次/1分钟）	篮球运球（秒）	足球运球（秒）	排球垫球（次）	单项得分
及格	72	53	4′03″	49	8.6	1.76	7.1	53	37	10.1	98	19.8	15.6	19	72
	69	51	4′08″	47	8.7	1.72	7.0	50	35	8.3	92	20.9	16.7	17	69
	66	49	4′13″	46	8.8	1.69	6.8	48	33	6.5	86	22.0	17.8	15	66
	63	46	4′18″	44	8.9	1.63	6.6	44	31	4.1	78	23.5	19.3	13	63
	60	43	4′23″	42	9.0	1.58	6.4	40	28	1.7	70	25.0	20.8	10	60
不及格	50	42	4′30″	41	9.1	1.56	6.2	39	27	1.5	66	25.8	21.2	9	50
	40	41	4′37″	40	9.3	1.53	6.0	38	26	1.3	59	26.9	21.9	8	40
	30	39	4′44″	39	9.5	1.50	5.7	36	25	1.0	53	28.0	22.5	7	30
	20	37	4′51″	38	9.8	1.46	5.4	34	23	0.6	44	29.5	23.4	6	20
	10	35	5′00″	36	10.0	1.42	5.0	32	21	0.2	35	31.0	24.3	4	10

附表 5　免予执行体质健康标准申请表

姓　名		性　别		民　族	
班　号		学　号		出生日期	
原　因					
体育教师签字			家长签字		
学校体育部门意见	签章(字)： 年　月　日				

注：高等学校家长签字栏可由学生本人签。

附表 6　国家学生体质健康标准登记卡

姓　名					性　别					民　族							
班　号					学　号					出生日期							
一年级				二年级				三年级				四年级				毕业成绩	
指标（项目）	成绩	得分	等级	指标（项目）	成绩	得分	等级	指标（项目）	成绩	得分	等级	指标（项目）	成绩	得分	等级	得分	等级
身高标准体重				身高标准体重				身高标准体重				身高标准体重					
肺活量体重指数				肺活量体重指数				肺活量体重指数				肺活量体重指数					
奖励得分																	
学年总分																	
等级评定																	
体育教师签字																	
辅导员签字																	

注：高等职业学校、高等专科学校参照本样表执行。

2013年体质健康测试内容

初中以上各年级	身高、体重、视力、肺活量、50米跑、1000米跑（男）、800米跑（女）、坐位体前屈、立定跳远、引体向上（男）、1分钟仰卧起坐（女）
说明：凡测试项目后未注明性别的，男生、女生都测	

原测试内容“台阶实验”替换为“1000米跑（男）、800米跑（女）”，视力、引体向上（男）、1分钟仰卧起坐（女）为新增加的必测内容。

一、视力测试方法

1. 测试器材

标准对数视力表。

2. 测试条件

视力表悬挂高度使5.0行视标与多数受检者的双眼呈水平位置。视力表照度为300～500勒克斯。

3. 测试方法

（1）受检者在距视力表5米处站立，用遮眼板将左眼轻轻遮上，先查右眼，后查左眼，均为裸眼视力。

（2）可先从5.0一行视标认起。如果看不清，再逐行上查；如辨认无误，则逐行下查。要求对每个视标的识别时间不超过5秒。规定4.0～4.5各行视标中，每行不能认错1个；4.6～5.0各行视标中，每行不能认错2个；5.1～5.3各行中，每行不能认错3个。超过这一规定就不再往下检查，而以本行的上一行记为该受检者的视力。

（3）如5米处不能辨认视力表最上一行视标时，令受检者站立于距视力表2.5米处或1米处进行检查。所得视力值应分别减去校正数值0.3或0.7后，记为该受检者的视力。

例如，某受检者在5米处不能辨认最上一行视标，令其在2.5米处检查。所得视力为4.2，则4.2－0.3＝3.9，该受检者视力即为3.9。某受检者在5米和2.5米处都不能辨认最上一行的视标，令其在1米处检查。所得视力为4.2，则4.2－0.7＝3.5，该受检者视力为3.5。

（4）视力记录方式：将受检者的左、右眼裸眼视力分别记入相应方格内。

例如，某受检者的左、右眼裸眼视力分别为5.0和4.6。应在与“左”对应的方格内填入“5.0”，在与“右”对应的方格内填入“4.6”。

4. 注意事项

（1）检查视力前，应向受检者讲解检查视力的目的、意义和方法，取得他们的配合。配戴眼镜者应摘去眼镜（包括隐形眼镜），检查裸眼视力。

（2）检查如采用自然光线，应选择晴天，在固定时间和地点进行，以便前后对比。

（3）检查前不要揉眼，检查时不要眯眼或斜着看。检测人员应随时注意监督。

（4）用遮眼板时，检测人员要提醒受检者不要压迫眼球，以免影响视力。

（5）不宜在长时间用眼、剧烈运动或体力劳动后即刻检查视力。至少要休息 10 分钟以后再做检查。检查若在室内进行，受检者从室外进入后也应有 15 分钟以上的适应时间。

二、身高

1. 测试目的

测试学生身高，与体重测试相配合，评定学生的身体匀称度，评价学生生长发育的水平及营养状况。

2. 场地器材

身高测量计。使用前应校对 0 点，以钢尺测量基准板平面至立柱前面红色刻线的高度是否为 10.0 厘米，误差不得大于 0.1 厘米。同时应检查立柱是否垂直，连接处是否紧密，有无晃动，零件有无松脱等情况并及时加以纠正。

3. 测试方法

受试者赤足，立正姿势站在身高计的底板上（上肢自然下垂，足跟并拢，足尖分开成 60 度角）。足跟、骶骨部及两肩胛区与立柱相接触，躯干自然挺直，头部正直，耳屏上缘与眼眶下缘呈水平位。测试人员站在受试者右侧，将水平压板轻轻沿立柱下滑，轻压于受试者头顶。测试人员读数时双眼应与压板水平面等高进行读数，记录员复述后进行记录。以厘米为单位，精确到小数点后一位。测试误差不得超过 0.5 厘米。

4. 注意事项

（1）身高计应选择平坦靠墙的地方放置，立柱的刻度尺应面向光源。

（2）严格掌握“三点靠立柱”、“两点呈水平”的测量姿势要求，测试人员读数时两眼一定与压板等高，两眼高于压板时要下蹲，低于压板时应垫高。

（3）水平压板与头部接触时，松紧要适度，头发蓬松者要压实，头顶的发辫、发结要放开，饰物要取下。

（4）读数完毕，立即将水平压板轻轻推向安全高度，以防碰坏。

（5）测量身高前，受试者应避免进行剧烈体育活动和体力劳动。

三、体重

1. 测试目的

测试学生的体重，与身高测试相配合，评定学生的身体匀称度，评价学生生长发育的水平及营养状况。

2. 场地器材

杠杆秤或电子体重计。使用前需检验其准确度和灵敏度。准确度要求误差不超过0.1%，即每百千克误差小于0.1千克。准确度的检验方法是：以备用的10千克、20千克、30千克标准砝码（或用等重标定重物代替）分别进行称量，检查指标读数与标准砝码误差是否在允许范围内。灵敏度的检验方法是：置100克重砝码，观察刻度尺变化，如果刻度抬高了3毫米或游标向远移动0.1千克而刻度尺维持水平位时，则达到要求。

3. 测试方法

测试时，杠杆秤应放在平坦地面上，调整0点至刻度尺水平位。受试者赤足，男性受试者身着短裤，女性受试者身着短裤、短袖衫，站在秤台中央。测试人员放置适当砝码并移动游标至刻度尺平衡。读数以千克为单位，精确到小数点后一位。记录员复诵后将读数记录。测试误差不超过0.1千克。

4. 注意事项

（1）测量体重前，受试者不得进行剧烈体育活动或体力劳动。

（2）受试者站在秤台中央，上下杠杆秤动作要轻。

（3）每次使用杠杆秤时均需校正。测试人员每次读数前，都应校对砝码标重以避免差错。

四、肺活量

1. 测试目的

测试学生的肺通气功能。

2. 场地器材

电子肺活量计。

3. 测试方法

房间通风良好；使用干燥的一次性口嘴（非一次性口嘴，则每换测试对象需消毒一次，每测一人时将口嘴下倒出唾液并注意消毒后必须使其干燥）。肺活量计主机放置在平稳桌面上，检查电源线及接口是否牢固，工作键液晶屏显示“0”即表示机器进入工作状态，预热5分钟后测试为佳。

首先告知受试者不必紧张，并且要尽全力，以中等速度和力度吹气效果最好。令受试者面对仪器站立，手持吹气口嘴，试吹1至2次。首先看仪表有无反应，还要试口嘴或鼻处是否漏气，调整口嘴和用鼻夹（或自己捏鼻孔）；学会深吸气（避免耸肩提气，应该象闻花式的慢吸气）。受试者进行一两次较平日深一些的呼吸动作后，更深得吸一口气，屏住气向口嘴处慢慢呼出至不能再呼为止，防止此时从口嘴处吸气，测试中不得中途二次吸气。吹气完毕后，液晶屏上最终显示的数字即为肺活量毫升值。每位受试者测三次，每次间隔 15 秒，记录三次数值，选取最大值作为测试结果。以毫升为单位，不保留小数。

4. 注意事项

（1）电子肺活量计的计量部位的通畅和干燥是仪器准确的关键，吹气筒的导管必须在上方，以免口水或杂物堵住气道。

（2）每测试 10 人及测试完毕后，用干棉球及时清理和擦干气筒内部。严禁用水、酒精等任何液体冲洗气筒内部。

（3）导气管存放时不能弯折。

（4）定期校对仪器。

五、50 米跑

1. 测试目的

测试学生速度、灵敏素质及神经系统灵活性的发展水平。

2. 场地器材

50 米直线跑道若干条，地面平坦，地质不限，跑道线要清楚。发令旗一面，口哨一个，秒表若干块（一道一表）。秒表使用前，应用标准秒表校正，每分钟误差不得超过 0.2 秒。标准秒表的选定以北京时间为准，每小时误差不超过 0.3 秒。

3. 测试方法

受试者至少两人一组进行测试。受试者站立起跑，听到“跑”的口令后开始起跑。发令员在发出口令同时要摆动发令旗。计时员视旗动开表计时，受试者躯干部到达终点线的垂直面停表。以秒为单位记录测试成绩，精确到小数点后一位，小数点后第二位数按非零进 1 原则进位，如 10.11 秒读成 10.2 秒记录之。

4. 注意事项

（1）受试者测试最好穿运动鞋或平底布鞋，赤足亦可，但不得穿钉鞋、皮鞋、塑料凉鞋。

（2）发现有抢跑者，要当即召回重跑。

（3）如遇风时一律顺风跑。

六、800 米（女）或 1000 米（男）跑

1. 测试目的

测试学生耐力素质的发展水平，特别是心血管呼吸

系统的机能及肌肉耐力。

2. 场地器材

400 米、300 米、200 米田径场跑道，地质不限。也可使用其他不规则场地，但必须丈量准确，地面平坦。秒表若干块，使用前需要校正，要求同50 米跑测试。

3. 测试方法

受试者至少两人一组进行测试，站立起跑，当听到“跑”的口令后开始起跑。计时员看到旗动开表计时，当受试者的躯干部到达终点线的垂直面时停表。以分、秒为单位记录测试成绩，不计小数。

注意事项和成绩记录方法同50 米×8 往返跑。

七、立定跳远

1. 测试目的

测试学生下肢爆发力及身体协调能力的发展水平。

2. 场地器材

沙坑、丈量尺。沙面应与地面平齐；如无沙坑，可在土质松软的平地上进行。起跳线至沙坑近端不得少于30 厘米。起跳地面要平坦，不得有坑凹。

3. 测试方法

受试者两脚自然分开站立，站在起跳线后，脚尖不得踩线（最好用线绳做起跳线）。两脚原地同时起跳，不得有垫步或连跳动作。丈量起跳线后缘至最近着地点的垂直距离。每人试跳三次，记录其中成绩最好的一次。以厘米为单位，不计小数。

4. 注意事项

（1）发现犯规时，此次成绩无效。三次试跳均无成绩者，应允许再跳，直至取得成绩为止。

（2）可以赤足，但不得穿钉鞋、皮鞋、塑料凉鞋参加测试。

八、坐位体前屈

1. 测试目的

测量学生在静止状态下的躯干、腰、髋等关节能达到的活动幅度，主要反映这些部位的关节、韧带和肌肉的伸展性、弹性及学生身体柔韧素质的发展水平。

2. 场地器材

坐位体前屈测试计。

3. 测试方法

受试者两腿伸直，两脚平蹬测试纵板，坐在平地上，两脚分开 10～15 厘米；上体前屈，两臂伸直前，用两手中指尖逐渐向前推动游标，直到不能前推为止。测试计的脚蹬纵板内沿平面为 0 点，向内为负值，向前为正值。记录以厘米为单位，保留一位小数。测试两次，取最好成绩记录。

4. 注意事项

（1）身体前屈，两臂向前推游标时，两腿不能弯曲。

（2）受试者应匀速向前推动游标，不得突然发力。

九、一分钟仰卧起坐（女）

1. 测试目的

测试学生的腹肌耐力。

2. 场地器材

垫子若干块（或代用品），铺放平坦。

3. 测试方法

受试者仰卧于垫上，两腿稍分开，屈膝呈90度角左右，两手指交叉贴于脑后。另一同伴压住其踝关节，以固定下肢。受试者坐起时两肘触及或超过双膝为完成一次。仰卧时，两肩胛必须触垫。测试人员发出“开始”口令的同时开表计时，记录1分钟内完成次数。1分钟到时，受试者虽已坐起但肘关节未达到双膝者不计该次数，精确到个位。

4. 注意事项

（1）如发现受试者借用肘部撑垫或臀部起落的力量起坐时，该次不计数。

（2）测试过程中，观测人员应向受试者报数。

（3）受试者双脚必须放于垫上。

十、引体向上（男）

1. 测试目的

测试学生的上肢肌肉力量的发展水平。

2. 场地器材

高单杠或高横杠，杠粗以手能握住为准。

3. 测试方法

受试者跳起，双手正握杠，两手与肩同宽成直臂悬垂。静止后，两臂同时用力引体（身体不能有附加动作），上拉到下颌超过横杠上缘为完成一次。记录引体次数。

4. 注意事项

（1）受试者应双手正握单杠，待身体静止后开始测试。

（2）引体向上时，身体不得做大的摆动，也不得借助其他附加动作撑起。

（3）两次引体向上的间隔时间超过 10 秒，则停止测试。

参　考　文　献

1. 中华人民共和国教育部，国家体育总局，《国家学生体质健康标准解读》编委会．国家学生体质健康标准解读．北京：人民教育出版社，2007.

2. 安徽省教育厅，安徽省体育局文件．转发教育部国家体育总局关于实施《国家学生体质健康标准》的通知．2007.